전환의 시대,
마케팅을 혁신하다

전환의 시대 ————

마케팅을
혁신하다

이무열 지음

관계와 연결을 중심으로 사회 가치를 실현하는
새로운 마케팅의 핵심과 실천 아이디어

COOPERATIVE
착한책가게

마케팅과 사회적경제에 손톱만큼이라도 도움이 될 만한 책을 쓰려던 오래전 계획이 강의와 책을 준비하면서 진실을 마주하며 달라졌습니다. 진실 안에는 늘 품어온 질문에 대한 답이 있었습니다.

'제품의 목적은 사람들의 생활을 빛나게 하는 것이다.'

'사람들은 제품으로 자신의 취향을 공유하고 자신의 가치를 드러낸다.'

'기업은 사회 안에서 존재한다.'

'사람이든 기업이든 사회활동의 목적은 스스로가 부여한 자신의 역할을 해내는 것이다.'

'마케팅의 역할은 이익과 경쟁이 아니고 해결과 관계, 변화에 있다.'

진실은 경제성장의 시기를 지나며 성숙해진, 이제까지 누구도 경험하지 못했고 예측하기 어려운 시장에 적응하려는 마케팅 모델 안에 있었습니다. 바로 '마켓^{Market} 3.0', '플랫폼 비즈니스$^{Platform\ Business}$', '라이프스타일 마케팅$^{Lifestyle\ Marketing}$', '오픈 이노베이션$^{Open\ Innovation}$' '골든 서클$^{Golden\ Circle}$', '브랜드^{Brand}'라는, 귀에 자주 들리던 마케팅 모델입니다.

그래서 '전환$^{Paradigm\ Shift}$'에 주목하여 책을 쓰기로 했습니다. 하지만 사회적경제도 '전환'을 비껴갈 수 없고 '전환' 속에서 맡은 역할을 해야 하기에 사회적경제가 지향해야 할 마케팅도 이와 다르지 않습니다.

'전환'이라는 말이 이제는 전혀 어색하지 않습니다. 요사이 세상이 달라졌다는 말을 흔히들 합니다. 무엇이든 기존의 익숙한 방식으로는 이해하기 어렵고 잘 들어맞지 않습니다. 90년대생 청년들은 일에서 공정함과 즐거움을 찾고 부당함을 거부합니다. 선배 세대처럼 일이 경제활동으로만 국한되지 않습니다. 출산은 또 어떤가요? 출산이 결혼이라는 제도 안에서만 인정받는 현실이 바뀌지 않고 여성에 대한 이해가 제대로 이루어지지 않은 상황에서 시행되는 출산정책은 별효력이 없습니다. 사람들의 소통방식 또한 읽고 이해하는 것에서 보고 공감하는 것으로 바뀌었고, 취향도 달라졌습니다.

마케팅도 그렇습니다. 매스 마케팅$^{Mass\ Marketing}$과 선형적인 프로그램에 맞춰진 모델들이 자꾸 빗나간 결과를 낳습니다. 품질이 좋다고 판매가 잘되는 것도 아니고, 사람들은 광고에 관심이 없습니다. 고객들은 기업과 제품에 대해 더 새로운 것, 더 많은 것을 요구합니다.

이러한 '전환'의 시대에 걸맞은 마케팅의 핵심 가치는 '공개', '개성', '연결', '진심', '배려', '다양', '탄력', '분산', '공감'입니다. 일사분란하게 시장을 지켜온 '경쟁', '이익', '집중', '표준', '단일', '설득'은 그만 물러나야 합니다.

디지털 기술의 발달과 고객들의 의식 변화가 불러온 뒤바뀐 흐름이 어디까지 갈지 예측하기는 쉽지 않습니다. 따라서 마케팅의 '전환'도 계속 지켜봐야 할 것입니다. 하지만 욕망과 가치 추구에 있어 관계를 지향하는, 다시 찾은 본질은 바뀌지 않아야 하겠습니다.

다시 말해 '고객의 행복한 생활은 새로운 제품을 구매하는 것이 아니라 제품을 통해 자신의 문제를 해결하는 것, 고립되어 있는 게 아니라 나와 같은 생활을 지향하는 다른 누군가를 만나 제품으로 생활을 공유하는 것을 통해 실현되며, 이는 결국 내가 사는 세상에서 함께 살아가는 모두를 만나는 것'이라는 점 말입니다.

이렇게 마케팅은 '문제해결과 변화'라는 가치를 부여잡고 가야겠습니다.

그렇다고 동사형이어야 할 마케팅에서 '전환'만 이야기할 수는 없습니다. 실천적인 방법을 제시해야 합니다. 책의 순서를 '전환轉換 – 방향方向 – 방법方法 – 제안提案'으로 엮어, 앞에 큰 덩어리를 놓고 차례차례 덩이를 쪼개가며 구체적인 실천방법까지 내놓았습니다. 하지만 도도한 '전환'의 흐름에 비추면 작은 이야기일 뿐입니다. 앞으로 만날 분들과 함께 궁리하며 해나갈 일들이 훨씬 더 많습니다.

1부 '전환'에서는 황금을 좇는 마케팅에서 벗어날 수 있는 직관들과 속속 등장하는 새로운 마케팅 이슈, 그리고 효율과 최대치를 추구하는 마케팅에서 적정한 마케팅으로 돌아서야 할 이유에 대해 이야기했습니다.

2부 '방향'에서는 이해하기 어려운 그럴듯한 논리보다는 실천할 수 있는 기술이 될 마케팅 모델을 설명합니다. 시장이 아니라 생활에, 선형이 아니라 늘 생성하며 순환하는 나선에 주목합니다. 마케팅 전략이라고 해도 좋겠습니다만, 왠지 전쟁에서 사용하는 군사용어를 사용하는 게 편치 않습니다. 하지만 딱히 대체할 말이 마땅하지 않습니다.

3부 '방법'에서는 조금 더 구체적인 마케팅 기술을 이야기합니다. 전술입니다. 셀 수 없이 많은 방법들이 나와 있고 나올 수 있지만, '전환'의 시대에 걸맞게 가장 많이 쓰이고 있고 쓰여야 할 방법들을 소개합니다. 계속 정리해나간다면 방법만으로도 책 몇 권이 될 수 있습니다. 특히 이 책에서 소개하는 SSR 모델은 지속가능한 브랜드 개발을 미션으로 하는 마케팅커뮤니케이션 협동조합 '살림'의 조합원들과 함께 제안하는 모델입니다. P–S[Problem(문제 발견)–Solution(해결)] 모델을 확대한 것으로, 우선 생활에서 발견한 기회를 살릴 수 있는 아이디어를 실험적으로 시장에 내보이는 프로토타입Prototype 모델이라고 해도 좋겠습니다.

마지막으로 4부 '제안'에서는 삶의 길을 알려주는 인문학에 마케팅을 연결해봤습니다. 반성이자 마케팅을 하는 자세입니다. 사실 제 마음은 여기로 향해 있습니다.

이 책이 '변화'를 강조하는 기존의 마케팅 책들과 다른 점은 '더 나은 부정'입니다. 판매와 경쟁의 숭배에서 벗어났다는 것입니다. 이익을 위해 의미Mission와 관계Relation를 불러오는 게 아니라 의미와 관계를 위해 이익을 다룹니다. 그래야 진정한 '전환'입니다.

여러분에게 질문하고 싶습니다.

'지금 자신이 하고 싶은 마케팅을 하고 있나요?'

'진정 원하는 꿈을 이루고 있나요?'

'새로운 사회를 만들고 있나요?'

마케팅을 통해 상상하는 것보다 더 많은 일을 할 수 있습니다.

이무열

차례

1부
전환

마케팅이 하나의 개념으로 정립되기 전부터 생산과 판매의 과정은 계속되어왔다. 지금의 마케팅은 산업혁명으로 시작된 대량생산과 대량소비를 특징으로 하는 근대 마케팅이라고 해야 할지도 모른다. 이러한 가운데 눈 밝은 마케팅 학자들은 근대 마케팅 너머에 있는, 사람과 사회의 관계를 보았다. 피터 드러커는 이런 눈을 지닌 대표적 마케팅 사상가이다.

근대 마케팅은 오늘날 기후위기와 기술 발달, 그리고 의식의 발달이라는 대내외 환경의 변화로 전환의 시기를 맞고 있다. 1부 '전환'에서는 마케팅의 본질을 살펴보고 이러한 전환을 불러온 원인과 이로 인해 나타나는 징후들을 살펴본다. '관계'는 경쟁시장이 만들어놓은 문제를 해결하고 마케팅을 다시 사회로 돌아오게 하고 있다.

① ——— 마케팅에 대한 모두의 오해

기업이 사회와 연결되지 않은, 순수하게 독립된 조직이라는
착각에서 벗어나자. 우리는 성장의 시기에는 몰랐던 마케팅의 본래 의미를
자본주의가 성숙된 위기의 시대에 다시 찾게 되었다.

오늘이 있기 전, 1940년대부터 1970년대까지 30여 년간 자
본주의 영광의 시대를 풍미한, 절대로 변하지 않을 것 같은
마케팅 정의가 있었다.

'기업은 영리를 목적으로 한다.'

'마케팅은 영리를 목적으로 하는 활동이다.'

이러한 정의에 따라, '영리활동'은 우리가 기업과 마케팅에
대해 배우고 설명할 때, 어디에든 소속되어 경제활동을 할 때
모든 것에 우선해야 할 분명한 목적이 되었다. 그리고 그 결과
오늘날 개인과 사회를 가로지르는 위기의 원인인 물신物神의

절대화를 불러왔다. 우리가 지금 겪고 있는, 심각한 생태계 파괴에 의한 기후변화, 불평등에 의한 사회적 갈등, 공동체 해체에 따른 일상적인 불안함 등의 위기 말이다.

기업과 마케팅에 대한 이러한 정의는 일반 기업이나 사회적경제 기업 모두에게 오해를 불러일으켰다. 이러한 오해로 말미암아 기업은 사회적 가치와는 상관없는 자신들의 이윤추구 활동을 오랫동안 정당화해왔다. 또한 기업의 사회공헌 활동을 기업활동과는 별개의 부수적인 활동으로 인식하거나 대의 마케팅^{Cause Marketing}과 같은 이익추구 전략으로 이용해왔다. 대의 마케팅이란 고객들에게 대의명분을 빌미로 소비욕구를 자극하는 것으로, 1983년 아멕스^{Amex} 카드 사가 '자유의 여신상 복원공사' 기금 마련을 위해 카드를 사용할 때마다 1센트씩 적립하는 캠페인을 벌인 것에서 비롯되었다.

그러나 2000년대에 들어서 세계 경제가 저성장 시대로 진입하고, 교육과 기술 발달에 힘입어 정보가 대칭화되고(이전까지 정보는 기업에 집중되어 있었다), 급격한 지구환경 변화로 위기감이 높아지는 등 기업 안팎에서 일어난 변화로 말미암아 기업이 사회공헌 활동에 관심을 가질 수밖에 없게 되었다. 이에 따라 이전과는 달리 시장에서 기업과 제품의 사회적 가치 창출이 강조되었다.

지속가능경영Corporate Social Responsibility, CSR이나, 판매 목적의 공익 마케팅이 아닌 제품개발 단계에서부터 제품의 편익과 사회적 가치를 함께 고려해야 한다는 마이클 포터 교수의 공유가치창출Creative Shared Value, CSV, 2009년 금융위기 이후 신자유주의 시장의 혼란과 사회불안에 대응하기 위해 자본주의가 환경과 삶의 질을 포함한 새로운 해결책을 제공하고 끊임없이 변하고 적응해야 한다는 경제평론가 아나톨 칼레츠키의 '자본주의 4.0', 시장에서 기업과 제품이 지니는 사회적 의미의 중요성을 강조하는 필립 코틀러의 '마켓 3.0'이 이를 잘 보여준다. 하지만 이 모델들 역시 판매를 위한 전략으로서, 앞서 대두된 대의 마케팅의 새로운 모습일 뿐 영리를 목적으로 한다는 기업과 마케팅의 목적은 달라진 바가 없다.

한편, 기업이 일으키는 사회적인 문제를 기업적 방식으로 해결하고자 등장한 사회적경제 영역에서는 마케팅을 이윤추구의 수단으로만 생각해서, 기업 경영에 마케팅을 활용하는 것에 윤리적인 부담감과 거리감을 갖곤 했다. 아직도 자기 조직이 지닌 사회적 의미만으로도 생산과 판매 모두를 해결할 수 있다고 여기면서 기업활동을 사회활동의 연장이라고 생각하는 사회적경제 기업가들이 있을지도 모르겠다.

기업이 사회와 연결되지 않은, 순수하게 독립된 조직이라는 착각에서 벗어나자. 그리고 '기업도 유기적으로 연결된 사회의 한 구성원이며 모두가 하나의 네트워크로 연결되어 있다'는 전일적全一的 정의에 따라 기업의 역할을 다시 보자. 그러면 기업과 마케팅의 영리화는 제한적 사고에서 비롯된 협소하고 편의적인 발상임을 알 수 있다.

세계 경영학계를 대표하는 경영사상가 피터 드러커는 "기업은 사회적이다."라며 "이윤은 기업의 사회적 역할이라는 미션Mission을 달성할 수 있게 하는 수단일 뿐이다."라고 말한다. 이어 "기업도 사회라는 곳을 떠날 수 없고 기업만의 진공관에서 존재할 수 없다."고 결론짓는다. 이처럼 피터 드러커는 기업활동에 있어 미션의 중요성을 강조하면서, '미션'을 제품을 구매하는 대상고객Customer과 고객에게 제공되는 가치Value, 기업이 얻게 되는 성과Result, 결과를 가져올 실행계획Plan보다 앞에 두고 있다. 피터 드러커가 이야기하는 경영과 마케팅에 대한 핵심을 모아놓은 《피터 드러커의 최고의 질문》(다산북스, 2017)에서는 기업가들에게 "기업이 자신과 사회를 위해 왜 존재해야 하는지, 기업이 고객들에게 어떻게 알려지고 인식되기를 바라는지"에 대해 묻고 있다.

한동안 이 질문은 기업과 제품의 성장에 가려 누구도 꺼내지 않은 질문이었다. 하지만 생태계 파괴에 의한 기후변화, 사회 불평등, 공동체 해체 등 기업이 이윤만을 추구한 결과 나타난 문제들이 지금처럼 개인의 삶과 사회의 지속가능성을 위협하는 상황이 되자, 이 질문이 다시 등장했고 이에 주목할 수밖에 없게 되었다.

이러한 변화로 인해 마케팅의 단계 구성은 '무엇(What, 제품) – 어떻게(How, 판매방법)'의 2단계 요소에서 제품의 의미나 가치에 대한 설명이 덧붙여진 '왜(Why) – 무엇 – 어떻게'의 3단계 요소로 바뀌었다. 이는《나는 왜 이 일을 하는가Start with Why》(타임비즈, 2013)에서 사이먼 사이넥이 인간행동과 비즈니스의 작동원리로 창안한 '왜(Why) – 어떻게(How) – 무엇(What)'의 골든 서클Golden Circle 구성과도 맥을 같이한다.

사회적경제 기업들도 자신들의 미션 아래 고객의 불편Pain과 욕구Need, 요구Want를 해결할 수 있는 제품과 서비스를 제공하기 위해서는, 고객의 생활을 관찰해서 제품을 개발하고 가치를 중심으로 사용 제안(판매)을 해야 시장에서 기업활동을 지속할 수 있다는 것을 깨닫고 마케팅의 중요성에 눈을 돌리는 중이다.

이제 마케팅에 대한 정의는, "조직이나 개인이 자신의 목적을 달성시키는 교환을 창출하고 유지할 수 있도록 시장을 정의하고 관리하는 과정"에서 "시장에서 일어나는 생산, 광

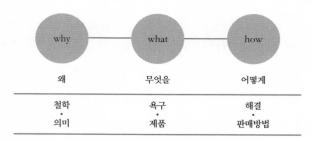

마케팅의 새로운 3요소 '무엇을 만들고, 어떻게 판매할까?'에서 다시 '왜'라는 질문이 구매의 중요한 이유가 되었다. '왜'는 구매의 이유가 되고 내 삶의 가치관과 의미를 생활에서 실천하는 방법이다. 신자유주의 시장에 의해 분리된 소비자는 '왜'를 통해 전체 사회와 다시 연결된다.

골든 서클 Golden Circle

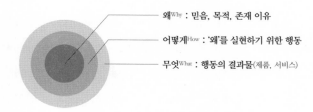

그림1. 마케팅의 새로운 3요소와 골든 서클

고, 유통, 제품의 거래 과정이며, 이 과정에서 고객, 관계자, 사회 등 다양한 기업 이해 관계자들의 가치를 창조하는 활동" (2007년 미국마케팅협회 자료)으로 바뀌었다. 조직이나 개인이라는 이기적인 주체에서 고객, 관계자, 사회 등 이타적 주체로까지 가치의 대상이 확장된 것이다.

마케팅은 "사회에 속한 기업 또는 단체들이 수립한 각각의 미션을 달성할 수 있게 하는 방법이다. 이익은 미션을 달성할 수 있게 하는 수단일 뿐 목적이 될 수 없다."(《피터 드러커의 위대한 혁신》, 2016) 우리는 성장의 시기에는 몰랐던 마케팅의 본래 의미를 자본주의가 성숙된 위기의 시대에 다시 찾게 되었다.

② ——— 지금, 적정한 마케팅이 필요한 5가지 이유

지금까지 실행해온 마케팅의 효용성은 줄어들고 있으며, 기업들은
달라진 환경에 적용할 수 있는 마케팅을 찾아 계속 실험 중이다.
이렇게 마케팅은 자연스럽게 새로운 길을 찾아가고 있다.

대개 새로운 경향은, 전환의 대상이 지닌 내부 모순과 외부 환경이 모두 변곡점을 맞아 더는 지금까지의 모델과 방식으로는 제대로 설명하거나 실행할 수 없을 때 나타난다.

마케팅에서는 이러한 전환의 시점을 '티핑 포인트Tipping Point'라고 한다. 말콤 글래드웰은 (시카고 대학 교수인 그로진스의 영향을 받아) 같은 이름의 책에서 "티핑 포인트는 시장에서 수많은 시도와 축적이 쌓이는 연속적인 자기발전 요소가 사회적인 상황의 힘과 어느 한순간 만나 폭발하듯 시장을 바뀌게 하는 비연속적이고 극적인 순간"이라고 말한다.

시장과 사회에 여러 문제들이 쌓이면서 제기된 '적정한' 마케팅의 경향은 어디에서 비롯되었을까? 처음 그 징후가 나타난 것은 세계 경제성장에 문제가 생겼음이 감지된 2000년대 초다. 그러나 변화된 시장에서 본격적으로 새로운 마케팅이 필요함을 느끼게 된 계기는 리먼 브라더스 사태라 불리는 2008년의 미국발 세계 금융위기다. 때맞춰 출판된 필립 코틀러의 《마켓 3.0》은 사회적 가치를 중시하며 지속가능성을 추구하는 마케팅으로 변화하는 길을 제시했다. 그러면서 앞으로 마케팅은 "제품에서 고객으로, 그리고 고객에서 영성Human Sprit으로" 목표를 수정해야 한다고 했다.

《마켓 3.0》에서는 '마켓 3.0'이 등장한 배경으로 세계 금융위기와 빈곤층 및 실업률의 증가, 에너지 중심 산업에 의한 생태계 파괴와 기후변화, 성장이 한계에 다다른 저성장의 미래, 생산기술과 정보통신기술 발달에 따른 정보 수평화로 인한 소비자 행태의 극적 변화 등을 꼽는다. 마케팅에서 사회적 활동은 기부에서 시작해 대의 마케팅으로 이어져왔다. '마켓 3.0'은 이를 이어 대량생산과 대량소비와 수익성만을 목표로 하는 것이 아닌, 생태계와 사회 전체를 배려하는 사회적 의미와 영성을 마케팅 영역으로 끌어들이는 중요한 역할을 했다.

마케팅 전략은 이때부터 '나에게 무엇을 제공할 것인가?'를 넘어서 '기업과 제품은 어떤 가치가 있는가?' '내가 이 제품을 구매하는 것이 사회에 어떤 영향을 줄 수 있는가?'라는 고객의 질문에 답할 수 있도록 사회적 가치와 의미를 필수로 삼게 되었다.

마켓 3.0까지의 발전 과정은 생산력과 정보, 환경, 시민 의식을 기준으로 이루어져 왔다. 마켓 1.0에서는 근대 산업화 과정에서 높아진 생산력이 물질에 대한 기본 욕구를 충족시키면서 대량생산과 대량소비 문화를 만들어냈다. 고객들은 제품의 품질과 가격을 선택의 기준으로 삼았고, 제품이 제공하는 기능을 소비하였다.

마켓 2.0의 주요 배경은 생산력과 기술의 발달로, 이로 인해 제품의 질적 차이가 평준화되었다. 또한 개인의 차별화된 욕구에 관심을 갖게 되었고 시장에서 고객의 영향력이 높아졌다. 이때부터 기능 이외에 고객의 감성을 충족시킬 수 있는 감각적인 이미지가 중요해졌고, 고객은 제품과 이미지를 함께 소비하기 시작했다.

2000년대에 들어서면서 기존 자본주의 경제에 축적된 내적 위기와 기후변화에 따른 외적 위기의식이 상호작용하는 가운데, 사람들은 물질 소비로 욕구를 해결하는 데 한계를 느끼고 자기 내면의 욕구에 관심을 갖기 시작했다. 또한 디지털 정보혁명으로 시장의 변화가 가속화되어 그동안 기업이 독점해온 정보를 누구나 생산하고 나눌 수 있게 되었다. 마케팅은 지금까지 외면해온 '의미'와 '지속가능성'을 미션으로 삼을 수밖에 없는 상황이 되었고, 제품은 고객 개개인의 자아를 실현시키는 역할까지 맡게 되었다.

'마켓 1.0'에서 '마켓 2.0'으로의 이행은 '변화'라고 할 수 있지만 '마켓 2.0'에서 '마켓 3.0'으로의 이행은 변화라기보다는 전환에 가깝다. 이때부터 이제까지와는 다른 '적정한 마케

	마켓 1.0	마켓 2.0	마켓 3.0
생산과 소비	소품종 대량생산 대량소비	다품종 소량생산 소량소비	재생산 재사용, DIY, 비(非)소비
마케팅	일 대 다(매스 마케팅)	일 대 일(타깃 마케팅)	N : N(개인 마케팅)
광고	매스 미디어	타깃 미디어	관계
관계	일방향	양방향	수평적 네트워크
선택기준	제품의 질과 가격	감성	공감
가치	제품	고객	의미
시장 목적	수익성	보상성	지속가능성
개인 목적	기능 소비	이미지 소비	자아실현

■ 현재 '마켓 4.0'까지 나와 있지만, 3.0까지는 중요한 변화의 분기점이 있었던 반면, 4.0은 구체적인 방법인 연결(관계)의 방법론을 다루고 있기에 여기에서는 다루지 않았다.

표1. 마켓 3.0으로의 변화

팅'이 필요해졌다. 이처럼 마케팅의 전환이 이루어진 이유를 다음 다섯 가지로 꼽아볼 수 있다.

첫째, 생태계 파괴와 기후변화로 인한 위기의식

근대산업은 화석원료에 절대적으로 의존해왔다. 그 과정에서 대량생산과 대량소비를 위해 회복 불가능한 방식으로 생태자원을 소비해왔다. 경제와 기업의 성장을 위해 구조화된 대량생산과 대량소비 시스템은 생태계 파괴를 불러왔고, 이는 지구환경에 급격한 변화를 일으켰다. 실제로 지구 곳곳에서 쓰나미, 지진, 태풍, 이상고온 등의 자연재해가 늘고 있으며, 사람들은 이러한 기후변화로 인한 직접적인 고통과 위기를 실감하고 있다. 그리고 이 위기를 해결하기 위해서는 지금까지와는 다른 소비 행태가 필요하다는 점을 느끼고 이를 실천하고 있다.

둘째, 기술 발달로 인한 생산력 문제 해결과 초세분화 시장

18세기의 1차 산업혁명 이후 뒤를 이은 몇 차례의 산업혁명에 힘입어 오늘날에는 생산 과정에서 인간의 노동이 거의 필요하지 않은 시대에 이르게 되었다. 인간의 노동력을 기계로 대체하여 생산력이 급증한 1차 산업혁명과 전기에너지를 기반으로 대량생산을 가능케 한 2차 산업혁명, 공장 자동화와 컴퓨터 및 인터넷으로 대표되는 정보화와 소프트웨어 시대를 연 3차 산업혁명에 이어, 이제는 사물인터넷으로 서로 연결되어 정보가 공유되는 상황에서 생산 과정에 더 이상 인간의 추가 노동과 비용이 필요하지 않은 한계비용 제로 사회와 인공지능 시대가 열린 것이다.

이제 생산력과 품질의 차이는 더 이상 제품에 변별력을 부여하지 못하는 시대가 되었고, 감성과 영성이 변별력을 갖게 하는 요소로 등장했다. 또한 외적 차이보다는 생산자와 생산 과정, 환경 등 제품이 지닌 내적인 특징에 주목하게 되었다. 물질의 풍요는 한편으로 고객들에게 개인의 욕구를 실현시킬 수 있다는 욕망을 불러일으켜 시장이 극도로 세분화되는 방향으로, 즉 N(제품 수) : N(고객의 수) 시장으로 향하게 하고 있다. 최근 생산자와 수요자의 경계를 허물고 있는 플랫폼과 블록체인은 초세분화 시장을 잘 보여준다.

얼마 전까지만 해도 마케팅을 전쟁에 비유하여 전략, 전술, 경쟁, 점유 등 군사용어를 사용하면서 경쟁이라는 틀 속에서 승자만이 살아남는다는 원칙을 따르곤 했다. 하지만 이러한 마케팅은 고객의 취향만큼 다양한 제품이 나와 있고, 고객의 생활에 따라 제품 쓰임이 결정되며, 의미와 가치가 중요시되는 지금 시대에는 어울리지 않는 방식이다.

셋째, 정보통신기술 발달에 따른 정보의 공개와 수평화

정보통신기술의 발달로 누구나 개인 미디어를 통해 자유롭게 정보를 생산하고 전달하는 시대가 되었다. 정보의 질에서부터 전파 속도와 신뢰도까지, 이제는 공공매체가 개인매체를 따라가지 못하고 있다.

이처럼 개인이 매체를 소유하게 되었을 뿐 아니라 교육수준이 향상되어 개개인이 정보를 처리할 수 있는 능력 또한 높아졌다. 시장에서의 영향력은 누가 정보를 소유하느냐에 따라 결정된다는 이론이 있다. 이에 따르면 이전까지는 기업이 정보를 독점하여 정보의 불균형 상태에 있었고, 그만큼 기업의 영향력이 컸다. 하지만 이제는 정보에 대한 접근이 균형을 찾게 돼 고객과 기업 간의 정보가 수평화되었고, 개인과 개인의 정보는 네트워크화되어 시간과 공간의 제한 없이 무한히 확장되고 연결된다.

넷째, 경제적 불평등

자유시장경제로 인해 소수 상위계층으로 부가 집약되면서 계층 간의 경제적 불평등은 점점 심화되고 고착화되고 있다. 불평등은 기울어진 소득 분배만으로 끝나는 게 아니라 사회갈등을 일으키고 생활의 양극화를 불러온다. 그래서 공동체 해체와 경쟁사회의 도그마를 강화하는 역할을 해 사람들 사이의 관계와 신뢰로 만들어지는 사회적자본을 위협하는 주요인이 된다.

소득의 감소는 생태적 삶을 방해하기도 한다. 해결해야 할 기본 욕구가 환경보전을 지향하는 의미보다 앞설 수밖에 없기 때문이다.

또한 부의 집중화는 사회 진화의 과정에서 나타나는 다양성 경향과 물질과 정신의 균형마저 훼손한다.

다섯째, 사람들의 의식 변화

물질의 풍요만으로는 행복할 수 없다는 여러 사회과학 연구결과처럼 사람들이 물질에서 느끼는 만족감이 낮아지고 있다. 정신적 스트레스가 현대인이 앓고 있는 심각한 질병의 원인이 된 오늘날, 사람들은 이를 해결하는 방향으로 노동과 여가의 균형을 맞춰가려 한다. 또한 자아에 관심을 두고 정신적인 가치를 찾아 새로운 관점으로 인생을 설계하고자 하는 욕구가 늘고 있다. 몇 년 전부터 주목받고 있는 워라밸(Work & Life Balance)과 소확행, 휘게 라이프(Hygge Life, 덴마크 사람들의 행복을 추구하는 삶의 방식) 등은 이런 경향을 반영한 삶의 방식이다. 즉, 물질을 목적이 아닌 행복의 수단으로 인식하게 된 것이다.

최근 마케팅에서 제안되는 '영성'은 제품이 사회적으로 지니는 자기 존재 가치의 중요성을 발견하고 제품을 사용하는 고객들의 삶에 영향력을 발휘하도록 하는 것이다.

결국 기업이 지금까지 실행해온 마케팅의 효용성은 줄어들고 있으며, 기업들은 달라진 환경에 적용할 수 있는 마케팅을 찾아 계속 실험 중이다. 이렇게 마케팅은 자연스럽게 새로운 길을 찾아가고 있다.

❸ ——— 잘 봐야 할 5가지 마케팅 이슈

시장이 다양화되고 자아가 존중받는 사회에서는
분명한 자기 철학이 담긴 제품이 주목받을 수 있다.
'우리 기업 제품은 왜 존재하는가? 다른 사람들이 우리를 어떻게
알고 있으면 좋을까?'에 대한 답을 준비해야 한다.

사회환경이 변함에 따라 마케팅에서도 늘 새로운 모델과 방
법이 등장하곤 했다. 하지만 2000년대에 들어서는 기존의 전
통적인 마케팅과는 다른, 경험해보지 못한 새로운 마케팅 모
델과 방법이 나오고 있다. 이들 중에는 변할 리 없다고 여겨온
마케팅 원칙인 타깃 전략에 관한 것까지 포함되어 있어 지금
의 변화가 어느 정도인지 짐작할 만하다. 다음에 소개하는 다
섯 가지 이슈, 즉 미션, 비선형적 혁신 모델, 탄력적 네트워크,
가치로 연결되는 관계, 인간적인 제품과 판매방식은 전환의
관점에서 마케팅을 다시 정리하면서 주목해야 할 것들이다.

미션

전환의 관점에서 주목해야 할 마케팅 이슈 가운데 첫째는 '미션'이다. 미션이란 고객이 행동해야 할 이유와 동기를 만들어주는, 기업과 제품의 가치와 목적을 묻는 '왜'라는 물음에 답하는 기업 및 제품의 철학이다. 기업은 '왜?', 제품은 '왜?' 시장에 나와야 하는지, 편익Benefit을 넘어서 고객이 구매해야 할 이유를 제안하는 일이다. 마치 사람들이 사회 안에서 자기 존재의 이유를 찾듯 이제는 기업과 제품도 사회 안에서 분명한 자기 존재 이유가 있어야 한다.

지금까지 마케팅이 담당해야 했던 역할은 '무엇'과 '어떻게'였다. 즉 기업은 '무엇'에 해당하는, 고객의 편익과 감성을 만족시킬 수 있는 제품을 개발해왔고, '어떻게' 판매할 수 있는지를 효율적으로 뒷받침할 다양한 마케팅 모델을 개발하고 활용해왔다.

이제는 '왜'에 대해 고객들이 공감할 수 있는 답을 준비해야 한다. 피터 드러커가 미션을 강조하는 것이나 필립 코틀러가《마켓 3.0》에서 영성을 강조한 것도 바로 이런 의미다. 시장에서 자기 존재를 드러내고 확인하려는 고객들의 욕구에

조응하려면 이제 미션은 빠트릴 수 없는 원칙이다.

이 미션은 사회 안에서 유기적으로 연결되어 작동한다. 미션을 강조하는 것에 대해, 누군가는 모든 것이 미션으로 결정되는 것은 아니며 그럴 수도 없다고 생각할 수 있다. 여기서 미션을 추구한다는 것은 이미 품질과 이미지라는 가치를 모두 갖춘 상황을 전제로 한다.

기업과 마케팅의 미션을 보여주는 대표적인 사례로 〈워싱턴포스트〉에도 소개된 업사이클링 회사 홀스티Holstee의 미션 선언문이 있다. 또한 무인양품의 제품철학 '이것으로 충분하다'는 필요한 곳, 있어야 할 곳에 지나치지 않게 맞춤으로 제품을 만들겠다는 원칙이다. 이것을 지키기 위해 가나이 마사아키 무인양품 회장은 "영원히 중소기업으로 남고 싶다."며 미션의 가치를 양적인 성장보다 앞에 두고 있다. 특히 무인양품은 공空의 철학으로 동양적인 도가 미학을 드러냈다는 평가까지 받고 있다. 국내의 경우에도 디자인 제품을 통해 모두의 존귀함을 지향하는 미션으로 일본군 위안부 할머니들을 지원하는 마리몬드MARYMOND를 사례로 들 수 있다.

시장이 다양화되고 자아가 존중받는 사회에서는 분명한 자기 철학이 담긴 제품이 주목받을 수 있다. '우리 기업 제품은 왜 존재하는가? 다른 사람들이 우리를 어떻게 알고 있으면 좋을까?'에 대한 답을 준비해야 한다.

또 사업을 하는 과정에서 수없이 마주하게 되는 결정의 순간에 미션은 중요한 나침반 역할을 한다.

비선형적 혁신 모델

둘째는 비선형적 혁신 모델이다. 파이프라인^{Pipe Line}과 같이 '개발 - 생산 - 판매'의 과정이 생산자의 기획 아래 한 방향으로 진행되는 전통적인 선형적線形的 가치사슬 모델에서 벗어나서, '생산 - 개선 - 다시 생산'의 과정이 계속해서 고객과 시장의 피드백을 받아 회오리처럼 돌아가는 나선형의 비선형적非線型的 혁신 모델이 효과적인 비즈니스 모델로 주목받고 있다.

선형적 가치사슬 모델은 계획된 프로그램에 따라 예측되는 결과를 중요시하는 방법이다. 그에 반해 비선형적 혁신 모델은 결정되어 있는 결과보다는 과정을 더 중요시하고, 과정에서 발생하는 예상치 못한 기회에 주목한다. 즉 선형적 모델이 '시험 〉 개선 〉 시판'이라는 선형의 과정이라면, 비선형적 모델은 '시판 〉 시험 〉 개선'이라는 과정의 순환을 이어간다. 그러다 보니 비선형적 모델은 고객과의 관계와 그 관계 속에서 드러나는 고객의 피드백에 주목할 수밖에 없다.

요사이 새로운 마케팅 모델로 활용되는 디자인 싱킹design thinking, 애자일Agile, 린 스타트업lean Startup, 그로스 해킹Growth hacking 등은 모두 비선형적 혁신 모델에 속한다.

얼마 전부터 새로운 마케팅 모델로 소개되고 적용되고 있는 '디자인 싱킹'은 '영감-아이디어-실행'으로 이어지는 단계로 구성되어 이용자들에게 최상을 경험을 제공한다. '애자일'은 1990년대 실리콘밸리 소프트웨어 엔지니어들 사이에서 시작된 것으로, 처음부터 완벽하기보다는 짧은 단위로 계획을 세우고 신속하고 유연하게 수정과 개선을 반복하여 제품을 개발해 나가는 것을 말한다. '린 스타트업'은 최소 아이디어를 바탕으로 기본적인 프로토타입을 만들고 고객 반응에 따라 사업을 발전시켜 나가는 것이고, '그로스 해킹'은 지속적으로 고객 데이터를 파악해서 최적화된 사업으로 확장해 나가는 것을 말한다. 이들은 IT 프로그램 개발 모델에서 처음 시작되어 이제는 일반 제품과 사업 모델에까지 빠르게 적용되고 있다. 사회 변화의 속도가 점점 빨라지고 불확실성과 복잡성이 깊어진 데다, 시장의 중심이 기업에서 다시 고객에게 돌아가고 있기 때문이다.

비선형적 모델에서 중요한 점은 유연성과 연결성이다. 고객의 반응에 빠르게 대응하고 또다시 고객의 반응을 살펴야 하는 순환의 과정이기 때문이다. 하지만 늘 고객의 반응을 따라가더라도 미션과 사업의 원칙이 변해서는 안 된다. 플랫폼 사업의 선두주자인 에어비앤비와 우버의 등장도 모두 이 모델에 기반을 둔다.

처음 혁신 모델을 개발한 제프 멀건의 '혁신형 나선 모델'은 그림 2와 같다.

잊지 말아야 할 것은 각 단계를 지나는 과정도 선형이 아니라 수많은 비선형 나선으로 순환되어 돌아간다는 것이다.

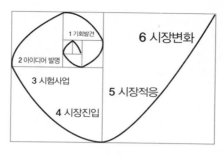

그림 2. 제프 멀건의 '혁신형 나선 모델'

1. **기회발견**(Prompts) : 촉발 단계로, 해결되지 않은 사회적 욕구를 찾아서 문제를 정리

2. **아이디어 발명**(Proposals) : 조사와 경험에서 얻은 인사이트(Insight)로 새로운 아이디어를 제안

3. **시험사업**(Prototype) : 아이디어를 바탕으로 프로토타입의 시제품을 만들어 출시하고, 현장에서 문제점을 찾아 수정

4. **시장진입**(Sustaining) : 혁신적으로 제안된 제품이 시장에 진입하여 유지될 수 있게 사업 모델(시스템, 재정)을 완성

5. **시장적응**(Scaling) : 지속적으로 조정과정을 거쳐 협력 주체들과 혁신형 모델을 일반화

6. **시장변화**(Systematic Change) : 기존 시장(사회)을 변화시켜 안정적으로 운영

탄력적 네트워크

셋째는 탄력적 네트워크 구조다. 이미 많은 기업들이 탄력적 네트워크 구조를 지향하면서 프로젝트 중심의 사업과 소사장 제도, 사내 회사 등을 운영하고 있다. 전통적이고 수직적인 대규모 조직에서 시장의 반응에 탄력적으로 대응하고 전문화된 사업 모델을 구축하는 방향으로, 획일화되고 고착화된 구조에서 개성과 변화를 수용하는 방향으로 가고 있다.

네트워크는 이러한 변화를 활성화시키는 역할을 한다. 각각의 기업이 연결되어 있다는 것은, 기업이 모든 것을 갖춰야 했던 예전과 달리 모든 것을 갖출 필요 없이 협업으로 변화에 대응할 수 있음을 뜻한다. 네트워크를 활용하면, 하나의 제품에만 집중하는 것이 아니라 세분화된 시장에 맞춰 고객 취향을 반영한 다양한 제품을 생산하는 역동성을 발휘할 수 있다.

연계개발^{Connect & Development, C&D} 모델은 제품개발 과정을 공개하여 다양한 기업과 고객의 아이디어와 의견을 받고 이를 바탕으로 제품을 개발하는 것으로, 세분화된 시장의 욕구를 반영하는 모델이다. 이 과정에서 기업은 사업비용을 절감할 수 있으며, 생산자와 소비자의 구분 없이 누구나 생산자와 소비자 역할을 할 수 있다.

다양한 생산자들의 제품과 서비스를 집중시키는 플랫폼 사업 모델도 네트워크에 기반하고 있다. 혁신적인 제품개발 차원에서도 네트워크는 카테고리와 특징이 서로 다른 제품들을 융합하는 기회를 제공할 수 있다.

기존의 하향식 수직고정구조에서 나아가 네트워크로 구성되는 새로운 기업 환경이 만들어졌으며, 네트워크를 구성하는 기업들은 탄력적으로 프로젝트 성격에 따라 협업하며 혁신의 기회를 만들어간다.

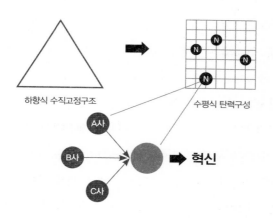

그림 3. 하향식 수직고정구조에서 수평적 탄력구성으로의 변화

그림 3은 전통적인 하향식 수직고정구조에서 탄력적 네트워크로 진화되어, 각 기업과 사업들이 시장의 필요에 따라 만나 혁신을 이루어가는 모양을 표현한 것이다. 여기서 각 기업이나 사업이 만나는, 원으로 표시된 플랫폼은 고정되어 있는 게 아니라, 주어진 문제를 해결할 최적의 솔루션을 제공할 수 있는 사업들이 모인 한시적인 플랫폼이다. 여러 기업이나 사업이 만나서 이루어지는 이러한 플랫폼은, 시장에 반응하면서 계속해서 좌표를 탄력적으로 옮겨가며 다양한 구성원들의 융합적 사고에 힘입어 혁신을 이뤄낸다.

가치로 연결되는 관계

넷째는 가치로 연결되는 관계다. 지금까지 고객에게 제품이 지닌 편익만을 판매했다면 이제는 생산자가 만들어내는 가치가 더 중요해졌다. 이것을 앞에서는 '미션'이라고 했다. 제품에 담긴 가치는 생산자와 고객의 관계를 이어주는 역할을 한다. 고객은 생산자가 지향하는 가치가 담긴 편익을 누리며 그 가치에 공감하는 관계가 된다. 예를 들어 환경의 가치가 담긴 '편익'은 생산자와 고객 사이에 생태계 및 기후변화 문제에 대한 공감을 불러일으킨다. 그래서 고객들은 이 제품을 누가, 왜 만들었는지에 관한 생산자 이야기인 메이커 스토리[Maker Story]에 관심을 갖는다.

이처럼 생산자와 고객 사이에 관계가 형성될 때 가장 중요한 것은 기업가나 해당 기업 임직원의 주체성이다. 사람 사이의 관계는 상호적인 것이어서 우선 나의 가치가 분명해야 건강한 관계를 맺을 수 있다. 그래서 기업의 임직원이 미션 수립에 참여해야 하고 또 수립된 미션을 자신의 것으로 받아들여야 한다.

이는 조직 관리 측면에서뿐만 아니라 마케팅에서 기업의 생산성과 창조성, 고객 연결과 관련해서도 중요하다. 두 가지 경우가 있다. '나의 결정으로 하는 일'과 '내가 아닌 누군가의 결정으로 하는 일'. 내가 결정하지 않은 일은 나의 가치가 담기지 않은 수동적인 일이다. 이렇게 제품을 만들 경우 다른 제품과 차별화되기 힘들며, 애착이 없으므로 생산능력도 낮아지게 된다. 더 중요하게는 제품개선과 새로운 제품개발이 일어날 수 없다. 수동적이 되면 발전을 꾀할 동기가 생겨나기 어렵고 할 일만 하게 되기 때문이다.

오늘날에는 광고에 대한 신뢰도가 낮아지고 개인 미디어인 SNS를 통한 정보제공이 제품에 대한 호감을 만들어내고 있다. 이러한 상황을 고려할 때, 1차 정보생산자가 될 수 있는 임직원들이 기업과 제품에 대한 자부심을 가졌을 때에만 SNS 활동을 통한 긍정적 정보가 생성, 확산될 수 있다.

'취향'이 새로운 시장 경향으로 주목받게 된 것도 생산자와 고객 사이에 이루어진 공감의 결과이다.

그림 4는 판매와 구매만 있을 뿐 생산자와 소비자가 배제된 이익의 관점에서부터 생산자로서의 '나'가 제안하는 가치에 따라 이에 공감하는 고객과의 관계가 형성되는 관계의 관점까지 사업에서의 다양한 관점을 나타낸 것이다.

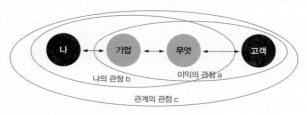

1) a는 이익의 관점
2) b는 생산자로서의 '나'의 관점
3) c는 생산자로서의 '나'와 고객을 연결하는 관계의 관점

그림 4. 사업에서의 다양한 관점

조직의 관점으로 보면 기업은 제품을 생산하고 판매하는 일만 하면 된다. 제품을 만드는 중요한 기준은 기업의 입장이며 이것을 생산자적 관점이라고 한다(이익의 관점 a). 여기에 생산자로서의 '나'의 미션이 실현되고(나의 관점 b), 생산자와 고객이 연결되는 관점이 되면 기업과 제품은 이 둘 사이의 관계를 이어주는 매개 역할을 하게 된다. 가장 중요한 것은 생산자와 고객 사이에 상호보완 관계가 이루어진다는 점이다.(관계의 관점 c)

인간적인 제품과 판매방식

마케팅 이슈에서 다섯째로 주목할 것은 기술의 발달이 오히려 인간적인 제품과 판매방식의 중요성을 부각시키고 있다는 점이다. 생산과 정보기술의 극적인 발전도 사람들이 오래도록 지녀온 삶의 방식을 한꺼번에 바꿀 수는 없으며, 오히려 기술과 인간이 균형을 이뤄야 할 필요성이 커지고 있다. 대량생산보다는 수공업 제품이나 DIY(Do It Yourself, 소비자가 직접 만드는 물품)를 선호하며, 판매방식에서는 스토리텔링과 메이커 스토리에 대한 고객들의 관심이 높아지고 있다.

이마트 '국산의 힘' 프로젝트는 농수산품 생산자를 소개하는 방식으로 이마트에서 판매되는 농수산식품류에 대한 신뢰와 매력을 높였다. 아마존닷컴의 나라 미국에서도 소비지출의 91%가 오프라인 매장에서 일어났고, 미국 소비자 85%가 "온라인 쇼핑보다 오프라인매장 쇼핑이 좋다."고 답했다 (2017년 기준). 이는 사람들이 이성적인 정보를 기반으로 행동을 결정하기보다는 감성에 따라 행동하고 선택한다는, 행동심리학과 행동경제학의 내용과 같다.

미국의 한 슈퍼마켓에서 20가지 잼과 5가지 잼을 놓고 같은 조건에서 어떤 경우에 제품이 더 많이 팔리는지 실험을 한적이 있다. 그 결과 제품 가짓수가 많은 경우보다 스스로 선택할 수 있을 정도의 적당한 제품 가짓수를 제안했을 때 제품 판매량이 높았다. 비영리법인에서 빈곤국가 아동을 위한 후원금을 모집할 때 빈곤 상황과 아이들의 결식률 같은 자세한 수치보다 도와야 할 한 아이의 이야기를 소개할 때 후원금이 더 많이 모금된 실험결과도 있다. 또 온라인 거래로 성장한 아마존과 같은 기업들이 소비자들은 직접 입어보고 만져보고 싶어 하며 직원들이 직접 응대해주는 것을 좋아한다는 의사를 반영해, O2O^Online to Offline 모델을 적용하여 오프라인 매장으로 진출하고 점포를 늘려가는 상황이다.

다음은 〈워싱턴포스트〉에도 소개된, 비닐과 폐지를 업사이클링하는 홀스티의 미션 선언문이다.

"이것이 당신 인생이다. 당신이 사랑하는 일이 있다면 자주 그것을 하라. 마음에 들지 않는 일이 있다면 바꿔라. 직업이 마음에 들지 않는다면 그만둬라. 시간이 충분하지 않다면 텔레비전을 꺼라. 삶의 반려자를 찾아 헤매고 있다면 멈춰라. 당신이 사랑하는 일을 시작할 때 그들은 당신을 기다리고 있을 것이다. 지나친 분석은 그만둬라. 삶은 단순하다. 모든 감정은 아름답다. 음식을 먹을 때는 마지막 한 입까지 감사하라. 새로운 일, 새로운 사람들에게 마음과 두 팔, 가슴을 열어라. 우리는 서로의 다름 안에서 하나로 이어져 있다. 옆에 있는 사람에게 열정에 대해 묻고 당신의 꿈과 영광을 그들과 함께 나눠라. 여행을 자주 하라. 길을 잃는 것이 너 자신을 찾도록 해줄 것이다. 어떤 기회는 단 한 번만 온다. 그것을 붙잡아라. 인생은 당신이 만나는 사람들과 당신이 함께 만들어가는 것이다. 그러니 나가서 그 창조적인 일을 시작하라. 인생은 짧다. 당신의 꿈을 살고 당신의 열정을 나눠라."

THIS IS YOUR **LIFE.**
DO WHAT YOU LOVE,
AND DO IT OFTEN.
IF YOU DON'T LIKE SOMETHING, CHANGE IT.
IF YOU DON'T LIKE YOUR JOB, QUIT.
IF YOU DON'T HAVE ENOUGH TIME, STOP WATCHING TV.
IF YOU ARE LOOKING FOR THE LOVE OF YOUR LIFE, STOP;
THEY WILL BE WAITING FOR YOU WHEN YOU
START DOING THINGS YOU LOVE.
STOP OVER ANALYZING, ALL EMOTIONS ARE BEAUTIFUL.
LIFE IS SIMPLE. WHEN YOU EAT, APPRECIATE EVERY LAST BITE.
OPEN YOUR MIND, ARMS, AND HEART TO NEW THINGS
AND PEOPLE, WE ARE UNITED IN OUR DIFFERENCES.
ASK THE NEXT PERSON YOU SEE WHAT THEIR PASSION IS,
AND SHARE YOUR INSPIRING DREAM WITH THEM.
TRAVEL OFTEN; GETTING LOST WILL HELP YOU FIND YOURSELF.
SOME OPPORTUNITIES ONLY COME ONCE, SEIZE THEM.
LIFE IS ABOUT THE PEOPLE YOU MEET, AND
THE THINGS YOU CREATE WITH THEM
SO GO OUT AND START CREATING.
LIFE IS LIVE YOUR DREAM
SHORT. AND SHARE YOUR PASSION.

"THE HOLSTEE MANIFESTO" ©2009   WRITTEN BY DAVE, MIKE & FABIAN   DESIGN BY RACHAEL   WWW.HOLSTEE.COM/MANIFESTO

홀스티의 미션 선언문

5가지 마케팅 이슈

1. **미션**

   고객행동의 이유와 동기가 되고 기업의 가치를 높여주는 미션

2. **비선형적 혁신 모델**

   고객과 시장의 피드백을 받아 '생산 – 개선 – 다시 생산'의 과정
   이 회오리처럼 돌아가는 비선형적 혁신 모델

3. **탄력적 네트워크**

   고객과 시장의 반응과 변화에 탄력적으로 빠르게 대응하면서
   고객욕구를 해소하기 위해 다양한 사업들이 협업하는 탄력적
   네트워크

4. **가치로 연결되는 관계**

   고객에게 편익만을 판매하는 것에서 나아가 생산자가 만들어
   내는 공동의 가치를 통해 나와 고객을 연결하는 관계

5. **인간적인 제품과 판매방식**

   생산과 정보기술의 극적인 발전이 한편으로 불러온, 기술과 인
   간의 균형을 맞추는 일에 고객들의 관심이 높아지는 경향

마케팅이 관계가 될 때

④ ──────

왜 기업들은 쉽지 않은, 브랜드를 만드는 일에 많은 비용과 시간을 들일까?
기업에게 좋은 브랜드가 있다는 것은 가격이나 시장상황 같은
내외적인 조건과 상관없이 제품을 좋아하고 지지해주는 팬과도 같은
고객들이 생긴다는 뜻이기 때문이다.

'관계'라는 말이 마케팅에 처음 등장한 때는 2000년대 들어
시장의 변화를 적극적으로 받아들여 브랜드의 역할을 새롭
게 설명하면서부터다. 브랜드는 처음에 데이비드 아커에 의
해 "우리 제품을 다른 제품과 구분할 수 있는 우리만의 가치
와 도형, 이미지 등의 아이덴티티(Identity, 개성)이고, 브랜드를 형
성하기 위해서는 지속성, 일관성, 현실성을 갖춰야 한다."라고
정의, 설명되었다. 이때부터 시장에서 판매 우위를 점하기 위
한 마케팅 전략이 '품질과 가격'에서 '개성 있는 이미지'로 바
뀌었다.

이때까지만 해도 생산자와 고객의 관계가 수평적이지 못했고 시장은 기존처럼 생산자에 의해 움직였다. 하지만 품질의 차이가 적어지고 고객들의 지식수준이 높아진 데다 고객들을 연결하는 개인 미디어가 놀라운 발전을 하게 되자, 생산자와 고객은 수평적인 동등한 관계가 되었다.

마케팅에서는 이때부터 생산부터 판매까지 다루는 사전 마케팅Before Marketing보다 판매 이후 고객과의 관계를 어떻게 관리할지를 계획하는 사후 마케팅After Marketing이 더 중요하게 되었고, 이에 따라 고객을 적극적으로 관리하는 고객관계관리Consumer Relationship Management, CRM가 등장하게 되었다.

브랜드에서의 '관계'는 이러한 사후 마케팅 차원에서 등장했다. 하지만 수평적이고 상호적인 관계는 시장과 제품의 거래에만 영향을 끼친 것이 아니라 생산자 스스로를 돌아보게 하고 사회와 제품을 연결하는 역할을 했다. 흔히 '관계'를 생각할 때 나보다는 상대방을 먼저 생각한다. "상대방은 나를 어떻게 생각할까?" "상대방은 무엇을 좋아할까?" 최근의 마케팅에서도 고객의 입장을 최우선으로 하라고 강조한다. '고객에게 맞추고' '고객이 원하는 것들을 찾아서'. 모든 것은 고객의 욕구 충족을 중심으로 돌아가야 한다는 것이다.

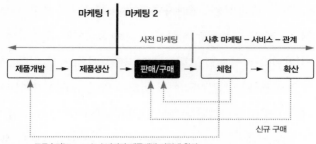

그림 5. 마케팅 과정에서 사후 마케팅의 역할

마케팅은 제품생산(마케팅 1)과 제품판매(마케팅 2), 두 개의 부문으로 구성된다. 그리고 다시 판매까지의 과정을 사전 마케팅, 판매 이후를 사후 마케팅으로 나눈다. 사후 마케팅은 제품과 고객 관계에서 중요한 역할을 하는 단계로, 제품을 구매한 고객은 체험 이후 긍정과 부정의 태도에 따라 주위 고객들에게 영향력을 발휘한다. 고객이 긍정적인 정보를 확산함에 따라 새로운 고객이 개발되는 경우가 많고, 또 그 과정에서 제품개선과 새로운 제품개발의 아이디어가 나오기도 한다. 시장에서 고객의 영향력이 높아지면서 사후 마케팅의 중요성이 점점 더 강조되고 있다.

하지만 이러한 일방적인 관계가 건강한 관계라고 할 수 있을까? 관계는 나로부터 시작되어야 한다. 관계를 만들려고 하는 주체의 개성이 분명해야 건강한 관계를 이룰 수 있다. 관계를 만드는 일은 상호적이기 때문이다. 어느 한쪽이 전체를 대신할 수 없고 계속해서 유기적으로 서로 영향을 주고받을 수밖에 없다. 브랜드에서 제품의 특징을 개성^{Personality}이라고 하는 이유는 제품을 사람과 같은 살아있는 생명체로 보기 때문이다. 어느 하나 똑같지 않고 각기 독특한 성격이 있으며, 어느 한순간 완성되는 게 아니라 늘 관리해줘야 하는 생명 말이다.

한 사람이 긍정적 관계를 맺을 수 있는 인원은 제한되어 있다고 한다. 이러한 사실이 의미하는 것은, 관계라고 할 때 모든 사람들과의 관계가 아니라 공감하는 사람들과의 관계를 말한다는 것이다. 그러니 나의 개성이 분명해야 공감할 수 있는 상대도 분명해진다. 마케팅에서의 '미션'도 주체적 개성과 마찬가지다. 브랜드를 형성하는 관계는 품질만이 아니라 제품에 필요한 다양한 특징이 갖추어질 때 만들어질 수 있다.

브랜드를 구성하는 항목을 품질, 디자인, 혁신, 전통, 윤리의 5가지 평판항목으로 분류할 때나, 필립 코틀러의《마켓 4.0》에서 물리성, 지성, 사회성, 감성, 인격성, 도덕성과 같은 인간 중심의 6가지 특성으로 분류할 때 빠지지 않는 항목이 '윤리'다. 사회생활을 하면서 능력이 뛰어나고 외모가 매력적이라 해도 사회적으로 문제를 일으키는 비도덕적인 친구를 가까이 하고 싶은 사람이 있을까?

이러한 윤리적 측면을 강조한 마케팅을 진정성 마케팅Truth Marketing이라고 한다. 윤리와 진정성은 제품이 지닌 사회적 가치와 역할을 의미한다. 제품이 사회적으로 부정적인 영향을 일으킨다면 그 제품은 고객과 좋은 관계를 맺기 어려우며 좋은 브랜드가 될 수 없다. 특히 지금처럼 환경위기와 사회 불평등 속에서 지속가능한 생활을 걱정해야 하는 상황에서는 윤리야말로 브랜드에서 빼놓을 수 없는 절대적인 항목이다. 시장에서 좋은 브랜드로 인정받는 파타고니아patagonia, 러쉬rush 등은 분명한 개성과 윤리성으로 자기를 지지하는 팬덤을 확보하고 있다.

그런데 왜 기업들은 쉽지 않은, 브랜드를 만드는 일에 많은 비용과 시간을 들일까? 기업에게 좋은 브랜드가 있다는 것은 가격이나 시장상황 같은 내외적인 조건과 상관없이 제품을 좋아하고 지지해주는 팬과도 같은 고객들이 생긴다는 뜻이기 때문이다. 이러한 고객들 덕분에 기업은 안정적으로 새로운 사업을 벌이거나 뜻하지 않은 위기를 넘기는 등 분명한 이득을 얻기 때문이다.

지금처럼 관계가 사라진 사회에서는 단지 시장에서뿐 아니라 사회 전체에 걸쳐 관계의 필요성이 더 절실해진다. 신영복 선생은 《담론》과 《강의》에서 고립된 개별적 존재는 자기 증식운동을 원리로 하는 자본운동의 특징으로, 근대사회의 여러 문제를 일으키는 원인이라고 설명했다. 그리고 이를 해결할 수 있는 방안으로 관계를 이루고 있는 모든 생명이 조화를 이루고 통일되는 관계망을 강조했다. 자유시장이 본격화되면서 고립된 우리는 관계를 맺는 대신에 역설적으로 수많은 제품을 소비하면서 관계를 갈구해왔다. 관계를 상실한 고립된 삶은 불안함 속에서 경쟁을 선택하게 된다. 사회가 작동하는 시스템이 관계에서 고립으로 바뀐 것이다.

지금까지 기업이 취해온 최고의 전략은 분리와 경쟁이었다. 그래서 '관계'가 제품과 고객이 교감하는 브랜드의 핵심으로서 성공을 위한 방법이 되고, 개개인의 정체성이 연결된 네트워크로서 마케팅의 주요한 요소로 돌아온 지금이야말로 마케팅의 전환을 알리는 신호가 울리는 시기라고 볼 수 있다.

네트워크와 플랫폼과 블록체인은 관계를 특징으로 하는 진화된 비즈니스 모델이다. 이들은 개성, 연결, 공개, 공유, 유기성을 특징으로 한다. 이들은 생산자로서의 기업과 소비자로서의 사용자가 분리되지 않고, 관계를 구성하는 각각의 존재가 자기 역할을 하며 공동의 목적을 향해 연결되고 공존한다.

마케팅에서의 '관계'가 경쟁시장이 만들어놓은 많은 문제를 스스로 해결하는 역할을 할 수도 있다. 다만, 플랫폼이 누군가에 의해 독점되었을 때에는 대표적인 플랫폼 기업 우버와 같이 보장받지 못하는 불안정한 일자리가 생겨나고 기업의 착취가 형태만 바뀐 채 계속된다. 이러한 문제를 해결하기 위해 플랫폼은 공공성을 갖추어야 한다.

2부

방황

여기저기서 전환에 대한 이야기를 하는 지금, 마케팅 영역에서는 이미 생활 속에서 조용히 전환을 받아들이고 있다. 사회와 시장의 전환이 새로운 마케팅을 불러오는 중이다.

2부에서는 앞에서 이야기한 마케팅에서의 전환 흐름과 최근 떠오르고 있는 다섯 가지 마케팅 이슈에 맞춰 주목해야 할 방향에 대해 구체적으로 짚어보려 한다. 전환에 따른 새로운 마케팅의 핵심은 상호작용 과정이 중요시되는 비선형 모델 및 개성과 다양성이다.

과학적인 마케팅이 영감과 직관을 특징으로 하는 기회발견에 자리를 넘겨주고, 제품은 생활 속으로 들어오고 있다. 개개인의 자아에 맞춰 제품도 자기 가치를 분명히 하며, '너의 설득'보다 '나의 체험'이 우선시된다. 결정된 직선으로 선형적인 결과를 향해가는 것이 아니라 고객과 기업이 유기적으로 순환하며 순서 없이 조정되는 과정을 거쳐 결과를 만드는, 우아한 발견이 기다리는 방향으로 가고 있다.

개발보다는 기회발견

> 성장의 시대에는 계량할 수 있는 숫자와 도표에 따라
> 개발자들이 연구하여 개발한 제품이 성공할 수 있었다.
> 하지만 성숙시장과 저성장 시대에는 이와는 달리 바로바로 고객의 반응을
> 이끌어낼 수 있는 실질적인 마케팅 기법들이 주목을 받을 수밖에 없다.

3M의 조사에 따르면 전문가들이 개발한 제품보다 고객들이 일상생활에서 기회를 발견하여 만들어진 제품의 성공률이 8배 정도 높게 나왔다. 덴마크의 세계적 장난감회사 레고 LEGO가 그 대표적인 예다. 레고는 1990년대 비디오 게임의 공세와 출산율 저하 등을 이유로 든 컨설팅 기업의 제안에 따라 컴퓨터게임류 등의 신제품을 출시하고 아동복, 출판 등으로 사업을 확장하면서 위기에 놓이게 되었다. 결국 대표가 교체되었고 '레고 엔트로스LEGO Anthros'라는 조사팀을 구성하여 무엇이 잘못되었는지 알아내기 위한 작업에 착수했다.

조사팀은 '아이들의 놀이'를 주제로 부모들을 인터뷰하고 끊임없이 새로운 놀이를 만들어 노는 아이들을 관찰했다. 관찰 결과 레고는 아이들에게 자기주도와 창조 등 놀이에 대한 긍정적인 동기를 제공하는 '재미를 추구한다'는 기본으로 돌아가, 핵심사업인 블록놀이에 집중하여 다시 일어섰다. 시장 분석을 바탕으로 하지 않고 관찰에서 길을 찾은 것이다. 레고의 재기신화는 전문가 개발과 현장 관찰의 효과를 대비하여 보여주는 대표적인 사례로 꼽힌다.

고객들이 일상생활에서 느끼는 문제Problem를 찾아내는 '기회발견'은 P&G, 무인양품, 삼성전자, LG 등 국내외 대기업이 최근 들어 한층 더 중요하게 여기는 제품개발 전략이다. 이는 관찰 대상자의 생활 속으로 들어가서 함께 생활하며 조사하는, 인류학에서 사용되던 민속지학Ethnography이라는 현장관찰 기법에서 비롯되었다.

무인양품에는 '옵저베이션Observation'이라는, 말 그대로 관찰하는 팀이 있다. 제품기획 담당자, 디자이너 등 제품개발을 맡고 있는 직원들이 고객의 집을 직접 방문해 제품이 어떻게 사용되는지 관찰한다. 최근에는 기회발견이, 엄청난 양의 고객정보를 분석하여 반복되어 나타나는 패턴과 맥락을 찾아내는 빅데이터 마케팅과 결합되어 주목을 받고 있다.

성장의 시대에는 계량할 수 있는 숫자와 도표에 따라 개발자들이 연구하여 개발한 제품이 성공할 수 있었다. 하지만 성숙시장과 저성장 시대에는 이와는 달리 바로바로 고객의 반응을 이끌어낼 수 있는 실질적인 마케팅 기법들이 주목을 받을 수밖에 없다. 왜냐하면 세분화된 시장에서는 대량생산 시대와는 달리, 표준에 맞춘 획일화되고 일반적인 제품보다는 각각의 고객 집단이 지닌 욕구와 성향에 맞춘 개성 있는 제품이 성공할 수 있기 때문이다. 또 숫자와 도표의 원천이자 정량적인 조사 대상인 고객들은 조사 과정에서 자신의 본래 욕구보다는 사회적 근거와 대중 편향에 따라 표준화된 대답을 하는 경우가 많으며, 사람들의 구매행동은 여러 가지 상황이 반영된 복잡한 과정이어서 단순화시키기 어렵기 때문이기도 하다.

기회발견이란 바로 숫자와 도표에서는 알 수 없는, 일상생활에서 고객행동을 관찰하면서 찾아낸 문제와 욕구[Need], 요구[Want]를 바탕으로 제품을 개발하는 방법이다. 기회발견을 대표하는 마케팅 기법은 단순한 'P(Problem) - S(Solution) 모델'이다. 여기서 문제[problem]는 불편함과 욕구, 요구 모두를 말하며, 특히 고객들은 불편함(페인 포인트, Pain Point)을 우선적으로 해결하고 싶은 욕구가 강하다.

마켓컬리가 참고한 사례인 뉴욕의 블루에이프런^{Blue Apron}은 뉴욕과 같은 대도시에서 장을 보고 음식을 만드는 일이 생각보다 많은 시간이 걸리고 식재료가 남는다는 문제에 대해, 고객욕구에 맞게 적당한 양과 집 앞까지 배달이라는 해결방안을 제공하였다.

기회발견을 마케팅의 중요한 모델로 보게 되면 마케팅은 훈련받은 전문가만 할 수 있는 일이 아니라 일상에 관심과 호기심이 있는 사람이라면 누구라도 할 수 있는 흥미로운 일이 된다. 오히려 정해진 마케팅 과정과 모델에 따라 일하도록 교육받은 전문가들이 제공하는 마케팅의 효과가 더 낮을 수도 있다. 물론 발견한 기회를 조금 더 정교하게 하는 데에는 전문가의 도움이 필요하긴 하다.

그림 6. P – S 모델

기회발견을 제대로 할 수 있게 하는 가장 큰 능력은 인사이트(Insight, 통찰)다. 인사이트는 고객들의 다양한 행동에 대한 동인動因을 우리 제품과 연관 지어 찾아내는 활동이다. 흔히 말하는 '자료 분석'과는 다른 능력으로, 분석된 내용 안에 있는 고객행동의 심리적 기제機制이다. 인사이트는 전문적인 마케팅 교육 과정만으로는 키우기 힘들고, 시간을 두고 사회과학과 인문학을 학습하고 사람에 대한 관심이 높아야만 키울 수 있는 능력이다.

그럼에도 알려져 있는 방법 가운데 인사이트를 찾는 가장 좋은 방법을 들자면, '다섯 번의 왜'라는 방법과 보스턴컨설팅그룹이 사용하는 '속도와 렌즈'라는 방법이 있다.

'다섯 번의 왜'는 질문에서 시작해 질문으로 이어진다. 상대방에게 특정 행동에 대해서 묻고, 한 번의 대답에서 끝나는 게 아니라 답한 내용에 대해 계속 질문을 하는 것이다. 예를 들어 간편식 시장을 알고 싶다면 간편식 고객에게 "왜 간편식을 구매하십니까?"라고 묻고 "편리해서"라고 답하면 거기서 질문을 끝내는 게 아니라 "왜 편리한 걸 찾습니까?" "혹시 간편식에 대해 불편하게 생각하는 것은 없습니까?" 하면서 물음을 이어가는 것이다. 준비된 질문으로 시작하지만 상대방의 대답에 따라 다음 질문은 늘 탄력적으로 변경될 수 있고 그렇게 되어야 한다. '다섯 번의 왜'는 질문하는 사람도 대답하는 사람도 의식하지 못하고 미처 깨닫지 못한 중요한 사실을 대화를 하면서 발견할 수 있도록 하는 방법이다. 새로운 지혜를 찾기 위해 나 자신이 아는 것을 주장하지 않고 질문하는 소크라테스 대화법처럼 말이다.

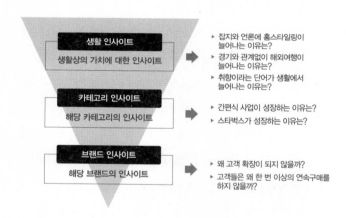

그림 7. 인사이트 피라미드

제품개발의 배경이 되는 생활과 동종시장, 자사 제품까지의 과정을 사고 범위에 따라 종적인 역삼각형으로 구성해 놓았다. 생활 인사이트는 현재를 살아가는 고객들의 일반적 경향 속에서, 카테고리 인사이트는 동종업계의 경향 속에서 중요한 지점을 분석하고 통찰해 사업의 기회를 개발하는 방법이다. 마지막의 브랜드 인사이트는 자사 제품의 현상을 진단해 문제를 해결하거나 장점을 찾아 강화하는 방법이다.

보스턴컨설팅그룹의 인사이트 모델(그림 8)은 '속도'와 '렌즈'로 구성된다. '속도'는 현상(생활)에서 일정한 경향으로 나타나는 패턴을 바탕으로 빠르게 문제를 발견하고 해결의 가설을 세워나가는 것을, '렌즈'는 생활에서 기회를 관찰하는 것을 말한다. 사람들은 일상생활에서 무의식적인 행동을 반복하면서 특징적인 행동을 보인다. 이렇게 반복적으로 나타나는 행동은 다른 사람들의 행동과 겹쳐지면서 개인과 집단의 데이터로 누적되고, 관찰자들은 데이터상의 특징적인 내용을 살펴 패턴화한다. 그리고 이 패턴을 다른 고객행동과 연결시켜 가설을 세우고 이를 바탕으로 제품을 개발한다.

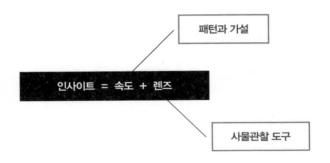

그림 8. 보스턴컨설팅그룹의 인사이트 모델

렌즈는 생활을 관찰하는 확대 렌즈와 초점 렌즈, 아이디어 렌즈로 나뉜다. 확대 렌즈는 피자 도우 바깥쪽에 치즈를 채우는 것처럼 아무도 주목하지 못한 부분을 가치로 내세워 여백을 활용하는 것이다. 이는 자동차 회사가 자동차 구매를 위한 금융사업에 진출하는 경우처럼 가치사슬을 확대하며 3년 정도의 미래시장을 계획하는 진화적 사고를 적용하는 방식이다. 초점 렌즈는 늘 사용자 입장에서 문제를 바라보고, 시장을 바꿀 수 있는 지렛대 역할을 하는 고객과 포인트를 찾아내는 것이다. 아이디어 렌즈는 일반적인 상식과는 다른 역발상, 남들과 다른 특별한 행동을 보이는 고객들에 주목하여 특이점(바퀴벌레 살충제를 사용할 때 퇴치가 목적이라기보다 움직임이 싫어 한 달에 2~3통의 살충제를 사용하는 고객을 관찰해 최면제를 넣은 사례처럼)을 찾는 것이

확대 렌즈	초점 렌즈	아이디어 렌즈
• 여백을 활용한다. • 가치사슬을 확대한다. • 진화적으로 사고한다.	• 사용자의 입장을 생각한다. • 지렛대를 활용한다. • 포인트를 파악한다.	• 역발상을 이용한다. • 특이점을 찾는다. • 아날로지(유추)를 통해 생각한다.

표 2. 보스턴컬설팅그룹의 인사이트 모델에서 제안하는 세 가지 렌즈

다. 큰길가가 아닌 골목에 카페를 여는 블루보틀Blue Bottle이 대표적인 예다. 지금처럼 경쟁이 심해지면서 차별화가 쉽지 않고 평균적인 욕구가 사라진, 초세분화된 시장 상황에서 효과적으로 사용될 수 있다.

인사이트를 지원하는 새로운 조사기법으로는 소셜 리스닝Social Listening과 네트노그래피Netnography라는 방법이 있다. 소셜 리스닝은 인터넷에 올라오는 고객들의 글을 빅데이터화하여 주요한 경향을 발견하는 방법이고, 네트노그래피는 지역, 육아, 취미 등을 주제로 하는 다양한 온라인 커뮤니티에 가입하여 커뮤니티에서 회원들이 나누는 이야기를 관찰하는 관찰조사의 새로운 방법이다.

지금까지 국내에서 성공한 많은 제품들이 개발보다는 생활 속 기회발견에 의해 탄생되었다. 대표적으로 프로스펙스의 워킹화 W는 걷기 열풍이 불던 2000년대 후반, 러닝화를 신고 걷기운동하는 사람들을 보고 달리기와 걷기에 대한 인지부조화를 발견해 히트한 제품으로, 프로스펙스를 부활시킨 제품이다. 또 남양유업의 프렌치카페 커피믹스는 믹스커피에 들어 있는 프림이 건강에 좋지 않다는, 습관에서 비롯되는 아무도 해결하지 않던 걱정을 발견한 예다. 남양유업은 '프림까지 좋은 커피'라는 콘셉트의 커피믹스를 출시하여 단번에 커피믹스 시장 2위까지 오르는 성과를 거두었다.

그러면 생활 속에서 기회를 발견하기 위해서는 어떻게 해야 할까? 다음은 발견을 위한 안내이다. 스스로 관찰노트를 작성하는 일이 습관이 되는 순간, 생활 속에서 수많은 사업 기회를 발견할 수 있을 것이다.

발견을 위한 마케팅: 9가지 관찰방법

1. 당연한 것을 의심하고 익숙한 것을 새롭게 관찰하라.

2. 호기심을 적극 가동해서 '왜 그럴까?'라는 생각을 늘 가져라.

3. 사람들이 불편해하는 일을 찾아라.

4. 언론매체에 나오는 숫자를 읽어라. (숫자는 사회적 경향을 보여준다)

5. 사물을 보며 다른 사물을 연상하는 습관을 들여라.

6. 만지고, 듣고, 냄새 맡고, 느껴라.

7. 걸어 다녀라.

8. 한 번씩 대형 할인판매장이나 쇼핑몰을 방문하라.

9. 알고 있는 것이 맞다는 생각을 버려라. 아는 것이 없다고 생각하라.

❷ ——— 제안하는 라이프스타일 마케팅

라이프스타일 마케팅은 유통에서 시작되었지만 지금은
마케팅 전체 영역으로 확산되고 있다. 이제 마케팅은
고객의 가치창조를 받아들여야 하고, 고객의 생활 속에서
제품이 어떻게 사용될 수 있는지와 연결된 가치를 창조해야 한다.

설득이 마케팅에서 중요한 전략이던 때가 있었다. 마케터들
은 '제품의 특장점을 고객들에게 어떻게 알려줄 수 있을까'로
고민하였다. 하지만 요사이 설득이란 말은 마케팅에서도 일
상생활에서도 쉽게 들어볼 수 없게 되었다. 기업은 고객을 설
득할 수 있을까? 설득은 생산자만이 시장 정보를 갖고 있던,
생산자의 시장영향력이 절대적이던 매스 마케팅 시대의 마케
팅 방법이다. 흔히 마케팅을 판매를 위한 활동이라고 이해하
는 것도 이 당시에 기업 입장에서 생산한 제품을 고객에게 알
리고 판매하는 일이 마케팅의 중요한 역할이었기 때문이다.

시장의 정보를 생산자와 고객 모두가 알게 되고 여기에 기술 발달이 품질의 차이를 빠르게 줄여가면서, 어느새 설득이란 말보다 '공감'이라는 말이 마케팅에서 더 중요하게 여겨지게 되었다. 이성적인 구매보다 감성적인 구매가 고객의 특징으로 설명되고 공감 마케팅이 등장했다. 여기서 감성과 공감은 무의식적인 행동이며, 설득처럼 일방적이지도 생산자의 입장에 있지도 않다. 공감 마케팅은 고객 중심의 마케팅으로, 고객의 입장에서 제품이 지닌 감성과 기업의 사회적 활동을 고객 스스로가 판단하도록 하는 것이다.

이제는 사람들이 이성적으로 설명할 수 없는 행동을 하는 것을 보면서 시장에서 감성적인, 나아가 영성적인 마케팅 전략을 만들어가고 있다. 한 예로, 코카콜라는 창립 100주년을 맞아 대규모 고객 테스트를 거쳐 맛을 더 달콤하게 개선한 '뉴new코크'를 출시하였다. 하지만 '뉴코크'는 고객들의 항의로 출시한 지 77일 만에 다시 코카콜라 클래식으로 되돌아갔다. 이성적으로 향상된 맛이 익숙한 감성을 대체할 수 없다는 것을 보여준 대표적인 실패사례다.

하지만 공감 마케팅을 하는 경우에도, 고객 입장이 아닌 생산자 입장에서 제품이 속한 카테고리에서의 경쟁에 집중해 제품 이미지를 만들고, 그 다음에야 체험을 제공하거나 감성적으로 제품을 소개하는 경우가 많다. 이러한 기업 중심적인 사고에서 벗어난다면 제품은 오래 전부터 고객들에 의해 재편집되어 왔다는 사실을 깨닫게 될 것이다. 고객들은 생산자들의 안내에 따라 제품을 사용하는 것이 아니라 자신의 생활에 맞게 제품을 재해석해 필요에 따라 자기 방식대로 제품을 사용해왔다. 제품의 가짓수가 엄청나게 늘어나고 자기주도적인 생활을 지향하는 문화가 확산되면서, 이처럼 고객을 중심으로 제품이 교차편집되는 속도는 더 빨라지고 있다.

그 결과 운동용품, 식품, 음료, 게임기 등과 같이 개념적으로 정의되고 같은 업종의 경쟁사들이 함께 묶이던 기존 카테고리는 해체되었다. 고객들은 이미 자신의 생활에 맞게 제품을 사용하고 있다. 마케터들은 특정 시간대의 점유율로 이런 상황을 해석한다. 예를 들어 저녁을 먹고 난 뒤인 밤 9시 무렵을 어느 제품이 차지할 것인가를 두고 다투고 있다. 이 시간대에 고객들은 자신의 생활에 맞게 운동을 하거나 맥주를 마시거나 아니면 간식 중에서도 라면이나 피자를 먹는 등의 선택을 한다.

라이프스타일 마케팅은 제품의 편익과 이미지를 기초로

고객생활의 관점에서 제품을 제안하는 방법이다. 고객생활은 고객의 욕구만이 아니라 사회환경과 무의식적 행동과도 연결된다. "장미 사세요!"보다 "사랑한다면 장미를 사세요."가 고객의 마음을 움직인다고 설명하는 《장미보다는 사랑을 팔아라》(컴온북스, 2003년)와, 나이키의 경쟁상대는 아디다스가 아니라 게임으로 운동을 대체하게 하는 닌텐도라고 설명하는 《나이키의 상대는 닌텐도다》(마젤란, 2006년)는 관성적으로 제품 중심적인 사고가 만연하던 시절에 새로운 라이프스타일 마케팅의 등장을 예고한 대표적인 책이다. 또 다이아몬드 브랜드 드비어스의 '영원한 사랑'을 상징하는 문구("다이아몬드는 영원하다 A Diamond Is Forever")를 사용한 광고 캠페인은 제품을 고객의 생활과 접목시킨 성공적인 사례다. 사실 케이크를 빵으로서, 샴페인을 술로서 구매하는 사람은 많지 않다.

라이프스타일 마케팅이 주목받게 된 건 츠타야 서점의 다이칸야마 프로젝트를 진행한 컬처 컨비니언스 클럽CCC의 마스다 무네아키의 영향이 크다. 무네아키는 고객가치 창조에 주목해, 제품의 소유나 소비에 초점을 두는 것이 아니라 소비자의 라이프스타일과 정체성을 표현하도록 하는 새로운 제안을 했다.

츠타야 서점은 책의 분류를 기존 도서분류법인 십진분류법이 아닌 고객의 무의식적이고 자연스러운 생활방식과 욕구에 맞게 제안하고 있다. 예를 들어 중국 여행을 앞두고 여행서적을 찾는 사람은 여행뿐 아니라 중국의 문화와 역사에도 관심을 갖게 된다. 이런 고객을 위해서 중국 여행서적 옆에는 일본과 미국 여행서적이 아닌 중국의 역사나 문화를 다룬 책, 소설 등이 놓이게 된다. 요리책의 경우 책뿐만 아니라 식재료와 조리도구를 함께 진열해 놓고 판매한다. 그래서 츠타야 서점은 기획능력이 있는 큐레이터를 핵심 가치로 여긴다. 제품과 정보가 많아진 사회에서 고객생활 중심의 큐레이션 능력은 점점 더 중요해진다.

라이프스타일 마케팅은 카테고리 구분 없이 다양한 제품을 고객생활에 맞게 편집해서 제안한 유통에서 시작되었지만 지금은 마케팅 전체 영역으로 확산되고 있다. 이제 마케팅은 고객의 가치창조를 받아들여야 하고, 고객의 생활 속에서 제품이 어떻게 사용될 수 있는지와 연결된 가치를 창조해야 한다.

피터 드러커는 "모든 사람이 다 아는 것은 틀린 것이다."라는 말로 마케터 중심의 사고를 경계한다. 라이프스타일 마케팅은 고객생활을 관찰하고 시간과 장소 등의 상황에 따라 다양한 이야기(가설)를 만들어 제품을 개발하거나 편집해서 검증을 거친 후에 가치를 제안하는 마케팅이다.

고객에게 제품이 왜 필요할까?	Why	
고객은 제품을 누구와 쓸까?	Who	
고객은 제품을 가지고 무엇을 할까?	What	
고객은 제품을 언제 쓸까?	When	
고객은 제품을 어디에서 쓸까?	Where	
고객은 제품을 어떻게 쓸까?	How	
고객은 제품을 가지고 어디에 갈까?	Where	
고객은 제품을 어떤 상황에서 쓸까?	Occasion	

표 3. 라이프스타일 마케팅에서 제품을 어떻게 제안할 것인가

제안은 고정되어 있지 않고 상황에 따라 늘 바뀌게 된다. 왜 사용하는지, 누구와 사용하는지, 무엇을 하는지 등의 이야기 작성방법을 따라가다 보면 고객생활 속에서 제품을 사용하는 다양한 상황을 찾아낼 수 있고 다양한 제안을 할 수 있다. 이 제안을 바탕으로 개발과 판매가 이루어진다.

제안은 늘 고객의 결정을 기다리는 것이다.

역동적인 고객전략

❸ ─────────────────

고정화된 고객전략 모델이 이제는
다양성과 탄력성을 특징으로 하는 고객전략 모델로 바뀌고 있다.
있을 수 없는 일이 마케팅 전략에서 일어난 것이다.

고객전략은 언제까지나 변하지 않을 것 같았던 마케팅 전략 중 하나이다. 애초부터 고객은 중요한 마케팅 전략 항목이었고 시장에서 고객의 영향력이 커지면서 그 중요성도 더 높아졌다. 마케팅 기획이나 컨설팅은 '고객이 누구인가?'라는 질문으로 시작한다. 나이, 성별, 결혼유무, 자녀유무, 지역, 수입 등 생활조건과 관련된 인구통계적 구분에 따라 같은 특징을 지닌 고객들끼리 같은 집단으로 분류되었다.

그러다가 사회적 표준에 따른 획일화되고 평균화된 인구통계적 구분이 아닌, '내가 좋아하는 것' '내가 하고 싶은 것'

등을 중요시하는 개성화된 자아自我 욕구가 시장에서 중요한 구매지표가 되었다. 따라서 사회적 기준에 맞춘 조건보다는 고객이 지향하는 삶의 방식에서 성향, 태도, 관심, 미감美感, 취미 등의 개성을 표현하는 사회심리적 구분이 중요해졌다.

지금은 두 가지 분류를 모두 사용하며, 고객 그룹을 메인 고객(Main Target, 1차 고객), 서브 고객(Sub Target, 2차 고객), 잠재 고객(Potential Target), 커뮤니케이션 고객으로 구분한다. 그러면서 사회심리적 성향을 먼저 반영한 다음, 이에 따른 그룹을 대상으로 인구통계적 특성을 보완해 타깃 그룹을 기획하기도 한다. 하지만 표준과 개성을 모두 고려해서 고객 그룹을 설명하기는 쉽지 않다. 그래서 아직도 인구통계적 구분을 사용하는 마케터가 많으며 대개 이러한 기획습관에 따라 고객이 설정되는

사회심리적 구분		인구통계적 구분	
구매성향		성별	
삶의 태도		연령	
미감(美感)		지역	
취미		수입	
좋아하는 것		결혼유무	
싫어하는 것		자녀유무	
걱정하는 것		주택유형	

표 4. 기본 타깃 구분 항목

경향이 있다.

이와 같은 고정화된 고객전략 모델이 이제는 다양성과 탄력성을 특징으로 하는 고객전략 모델로 바뀌고 있다. 있을 수 없는 일이 마케팅 전략에서 일어난 것이다. 이렇게 엄청난 변화가 일어난 까닭은, 전통적인 고객전략은 지금의 시장을 설명하는 네트워크와 플랫폼, 초세분화 시장, 다양성 등의 특징이 되는 공개, 연결, 개성 등을 반영하기 어렵기 때문이다. 또 이전에는 다양한 자료 분석을 기반으로 설정된 이성적인 고객을 대상으로 예측 가능하고 합리적인 판매전략을 계획해 왔으나, 실제로 고객들은 이성적으로 구매하기보다는 무의식에 의한, 예측하기 어려운, 감성적인 구매행동을 보인다는 것이 사회과학과 뇌과학을 통해 밝혀졌기 때문이다. 녹용 성분이 들어간 강글리오 커피는 농심에서 인스턴트 커피를 많이 마시는 중년남성들의 건강을 고려한 제품이었지만, 합리적인 제안이 시장에서 거부당한 대표적인 실패사례.

이제는 기업에 의해 고객이 정해지는 것이 아니라, 오히려 고객의 생활에 맞춰, 고객이 원하는 제품가치에 따라 제품이 제안되는 때가 되었다. 게다가 고객들은 제품을 사용하면서 주도적인 창의성을 발휘해 놀랍게도 제품시장을 재창조하고 있다. 미국의 존 코스먼이라는 사업가는 정원용 스프링클러를 대체하기 위해 구멍이 있고 쉽게 구부러지는 플라스틱 호스를 개발했지만, 정작 고객들은 이 호스를 농장에서 가금류 우리의 온도를 낮추는 데 더 많이 사용한다는 것을 알고 타깃을 바꾸었다. '햇반'으로 대표되는 즉석밥도 집 밖에서 식사를 하는 경우를 위한 간편식이었지만, 1인 가구나 식사준비가 어려운 사람들의 가정식이 되면서 제품이 다양화되고 시장이 성장했다.

《콘텐츠의 미래*The Contents Trap*》를 쓴 하버드경영대학원 교수이자 경영전략가 바라트 아난드는 "지금까지의 고객전략은 '모든 고객을 충족시켜라', '집중할 대상을 좁혀라', '고객의 말에 동의하라'는 것이었지만 디지털 시대의 연결이라는 관점에서 고객전략을 바라보면 이들 모두 바뀌어야 한다."고 말한다. 다시 말해 '모든 고객을 충족시켜라'는 온라인으로 비디오를 스트리밍하는 넷플릭스와 같이 각각의 사용자 특성을 반영해 '사용자 포토폴리오를 관리하는 것'으로 바뀌어야 한다. 그리고 '집중할 대상을 좁혀라'는 그룹 BTS와 같이 한 가지 콘텐츠를 다양하게 사용하는 OSMU^{One Source Multi Use} 기획처럼 음원에서 게임, 책, 영화, 팬시제품 등으로 다양하게 확장함으로써

'사용자 중심으로 폭을 넓히고 다각화'해야 한다. 또 '고객의 말에 동의하라'는 전자책이 성장하는 추세인데도 종이책 투자를 늘려가는 펭귄랜덤하우스^{Penguin Random House}와 같이, 고객과 시장의 요구에 따르는 것을 멈추고 정체성을 강조하고 희소성을 높이는 효과를 가질 수 있게 "거절할 줄 알아야 한다는 것을 깨달아야 한다"고 강조한다.

이제부터는 고객을 계속해서 다시 정의하기 위해 시장 반응과 판매현황을 지속적으로 관찰해야 한다. 그리고 라이프스타일 마케팅에 따라 고객생활에 맞춰 유동적으로 제품을 제안하는 시나리오를 작성할 수 있어야 한다. 그러기 위해 고객을 알기 위한 질문을 하자. 그는 무엇을 생각하고 느끼는지? 그는 누구에게 어떤 통로로 이야기를 듣고 있는지? 그를 둘러싼 환경은 어떤지? 그는 무엇을 말하고 있고, 말하고 싶어 하는지? 그는 어떤 외형적 모습을 띠고 있는지? 그를 힘들게 하는 것은 무엇인지? 그리고 그가 진정 원하는 것은 무엇인지?

타깃 전략은 역동적으로 바뀌고 있는 중이다.

더 분명해야 할 콘셉트

> 콘셉트 수립은 마케터들이 가장 어려워하는 일이기도 하다. 그래서인지
> 대부분의 콘셉트는 그 중요성에 비해 일반적인 정의가 되기 십상이고,
> 기업 입장에서 제공하는 일방적인 가치가 되기 쉽다.
> 시장이 세분화되고 욕구가 다양해진 지금은 콘셉트가 점점 더 중요해지고 있다.

노 잼No Jam, 노 스트레스No Stress '더블에이', 물을 타지 않은 맥주 '클라우드', 프림까지 좋은 '프렌치카페 커피믹스', 엄마와 딸의 모녀여행 패키지 '엄마♥발견'. 우리 동네 중고직거래 마켓 '당근마켓'.

　분명하고 정교한 콘셉트로 출시와 동시에 성공적으로 시장에 진입하고 성과를 낸 제품들이다. 콘셉트는 제품이 가지고 있는 분명한 가치이면서 고객들이 제품을 구매하는 특별한 이유가 된다. 시장에서는 콘셉트를 중심으로 관계가 만들어지는 결정적인 순간을 맞이하게 된다. 이렇게 관계가 형성

됨에 따라 제품을 지지하는 팬이 만들어지며, 고객이 고객을 개발하고 제품을 관리하게 된다.

하지만 콘셉트 수립은 마케터들이 가장 어려워하는 일이기도 하다. 그래서인지 대부분의 콘셉트는 그 중요성에 비해 일반적인 정의가 되기 십상이고, 기업 입장에서 제공하는 일방적인 가치가 되기 쉽다. 시장이 세분화되고 욕구가 다양해진 지금은 콘셉트가 점점 더 중요해지고 있다. '갬성'이라는 새로운 말이 만들어질 정도로 콘셉트는 시장을 벗어나 모든 사회활동을 아우르는 사회적 경향이 되었다.

왜 콘셉트의 중요성이 날로 높아질까? 핵심은 개성이다. 고객들은 이제 대량생산되어 누구나 쓰는 똑같은 제품보다 나에게 맞는 제품을 찾고 있다. 또한 여행할 때나 친구를 만날 때와 같은 상황에 따라서도, 식품·운동·아웃도어 등 제품 분류에 따라서도 욕구와 욕망이 달라지고 있다. 시장이 초세분화되고 있다. 초세분화된 시장은 기업의 제품 구성과 마케팅 전략에도 영향을 주게 된다. 디지털 기술의 발전에 힘입어 등장한 플랫폼 비즈니스나 P2P 등은 다양한 고객에게 다양한 제품을 제공하는 방식이다. 고객과 기업이 개성을 뒷받침할 다양성을 사이에 두고 유기적으로 작동하고 있는 중이다.

분명한 가치가 있는 제품이 돋보일 수 있고 고객과 관계를 형성해 좋은 브랜드가 될 수 있다.

콘셉트를 만드는 세 가지 방법 중 하나는 고객의 생활 속에서 기회를 발견하는 것이다. 그 과정은 '기회발견 - 포지셔닝 - 콘셉트'로 이어진다. 고객생활을 관찰하여 고객의 불편함과 욕구, 요구를 찾고 이를 해결하기 위해 내놓는 솔루션이 좋은 콘셉트가 된다.

삼성 액티브워시 세탁기는 이러한 콘셉트 개발 과정을 가장 잘 보여준다. 이제까지 바닥에 앉아 애벌빨래를 해온 주부들의 고통을 그냥 지나치지 않고 손쉽게 서서 애벌빨래를 할수 있게 만든 것이 이 제품의 콘셉트다. 발견이 포지셔닝이 되고 콘셉트가 되었다. 광고 콘셉트 또한 여기서 벗어나지 않고 "빨래 좀 해본 사람이 만든 세탁기"다.

콘셉트를 수립하는 또 하나의 방법은 제품이 지닌 가치와 고객욕구를 교차시켜 공통되는 지점을 찾아내는 것이다. 다음과 같은 과정에 따라서 콘셉트를 찾아낼 수 있다.

먼저 다른 사람에게 우리 제품에 대해 설명을 한다고 가정하고 최소 10개에서 25개의 단어를 사용해서 제품을 소개하는 문장을 작성한다. 그리고 작성한 문장을 참고하여 핵심단어 7가지를 뽑아낸다. 7가지 단어 중에서 다시 핵심단어 3개를 골라 1위부터 3위까지 순서를 정한다. 이것이 제품이 제공할 수 있는 중요한 가치, X축이 된다.

다음은 고객의 욕구를 찾는 방법이다. 먼저 제품 카테고리와 관련해 고객들이 생활 속에서 요구하는 것을 설명하는 문장을 작성한다. 그리고 작성한 문장을 참고하여 핵심단어 5가지를 뽑아낸다. 다시 5가지 단어 중에서 핵심단어 3개를 골라 1위부터 3위까지 순서를 정한다. 이것이 고객욕구를 설명하는 Y축이 된다.

마지막으로 제품이 제공하는 가치 X축과 고객의 욕구 Y축에서 공통되는 부분을 콘셉트로 정한다.

예를 들어, 당근마켓은 X축에서 서비스를 설명할 수 있는 여러 단어 가운데 신뢰, 관계, 동네, 중고, 직접배송 등의 순서로 중요 단어를 꼽을 수 있고, 중고 마켓 업종에서 고객욕구에 따른 Y축은 신뢰, 불안, 빠른 배송 등이 될 수 있다. 이 X축과 Y축에서 공통되는 중요한 가치는 신뢰이고, '왜 신뢰할 수 있는지'의 이유가 되는 '동네'가 상징적인 가치가 되어 '우리 동네 중고직거래 마켓'을 콘셉트로 사용하고 있다.

또 공정무역기업 어스맨Earth Man의 건과일 시리즈는, 건강을

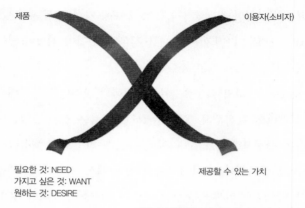

제품   이용자(소비자)

필요한 것: NEED   제공할 수 있는 가치
가지고 싶은 것: WANT
원하는 것: DESIRE

출처. 제이 월터 톰슨J. Walter Thompson의 **콘셉트 개발 모델**

그림 9. 콘셉트 개발 모델

생각해서 과일을 먹고 싶은데 간편하게 먹을 수 있는 방법을 찾는 고객욕구와, 과일 원산지인 개발도상국에서 직접 재배해 말린 과일이 제공하는 건강과 안전이라는 가치가 공정무역과 함께 콘셉트가 된다.

앞의 두 가지 방법과 더불어 콘셉트를 만드는 더 분명한 방법은 기업이 지닌 미션(Mission, 철학)을 제품가치와 연결하는 것이다. 애플이 지닌 '혁신'이라는 철학이 제품 디자인과 '사용하기 편한'이라는 가치와 연결되듯이. 이렇게 될 때 다른 기업과 제품이 따라올 수 없는 나만의 분명한 콘셉트가 만들어진다.

콘셉트는 이해되는 것이라기보다는 직관적이고 무의식적인 고객행동을 불러오는 것이다. 이것은 오랫동안 고객들이 사회와 시장에서 학습해온 패턴의 결과이다. 분명하지 않은 콘셉트는 고객행동에 혼란을 주며 행동의 동기를 만들어주지 못한다. 제품이 넘치고 고객의 욕구가 다양해진 지금, 제품이 지닌 가치가 분명하다는 것은 고객에게 선택될 가능성이 그만큼 높아진다는 뜻이다.

초기 시장진입이 어려운 신제품과 중소기업 및 사회적경제 기업
제품의 경우에는 제품구매로 손해를 입을 것 같다는 손실회피 심리를
없앨 수 있는 방법으로 체험 마케팅에 주목해볼 만하다.
시장진입과 연착륙의 효과를 얻을 수 있다.

'디지털 시대에 온라인 마케팅이 발달하면 오프라인 마케팅
은 사라질까?'라는 질문이 끊임없이 제기된다. 최근에는 아마
존과 나이키 등이 뉴욕과 샌프란시스코에서 운영하는 나이
키 라이브^{NIKE LIVE}와 아마존 고^{Amazon Go}가 성공을 거둠에 따라
O2O^{Online to Offline} 마케팅이 강조되고 있다. "구매는 온라인에서,
제품 경험(서비스)은 매장에서"라고 말하는 아마존의 CEO 제
프 베조스는 투자자들에게 쓴 편지에서 "고객들이 매장에서
겪은 경험이 '마법 같다'고 이야기한다."고 하였다.

　온라인 마케팅 시대에도 오프라인 마케팅은 디지털 기술

을 기반으로 새롭게 변신하면서 여전히 필요성을 인정받고 있다. 그 이유는 디지털 기기와 함께 성장해 디지털 네이티브 Digital Native라고 불리는 젊은이들조차 직접 느낄 수 있는 체험을 원하고 얼굴을 맞대고 이야기하는 감정적 교류를 더 즐기기 때문이다. 수백만 년 전부터 이어져온, 사람이 사물을 대하는 습관이 DNA가 되어 직접 만져보고, 보고, 듣고, 냄새 맡고, 맛보는 체험을 원하게 된 것이다.

체험 마케팅은 2000년대 초반 심리학을 전공한 컬럼비아 경영대학원 교수 번트 슈미트의 《번 슈미트의 체험 마케팅 Experiential Marketing》(김앤북스, 2013)이라는 책을 통해 본격적으로 소개되었다. 기술이 보편화되고 제품의 품질이 일반화되는 현대 시장에서 고객은 제품의 특징과 편익만으로 제품을 구매하지 않으며 직접적인 체험이 구매결정의 중요한 요인이 된다는 이론이다. 체험 마케팅에 대해 〈하버드 비즈니스 리뷰〉에서는 매스 마케팅 이후 앞으로의 마케팅을 이끌어갈 새로운 마케팅으로 주목해야 한다는 찬사를 보냈다.

특히 제품 가짓수가 많아져 시장경쟁이 치열해지고 광고에 대한 신뢰가 낮아지는 상황에서 체험 마케팅은 점점 더 중요해지고 있다. 체험 마케팅은 고객 사이에서 제품에 대한 평판을 만들어가는 바이럴(Viral, 입소문) 마케팅, 도시·공원·건물 등의 공간에서 생활하는 사람들에게 다양한 제품 관련 공간을 연출하여 체험을 제공하는 공간 마케팅, 제품의 장점을 설명하고 설득하는 게 아니라 교감하면서 느낄 수 있도록 하는 공감 마케팅, 지역 제한 없이 빠르게 정보를 확산시키는 SNS 마케팅 등의 효과적인 마케팅 이론들과 결합하면서 점점 더 중요성이 커지고 있다.

현재 체험 마케팅은 식품과 같은 식생활 용품에 한정되어 감각적, 행동적 체험에 적용할 수 있는 마케팅으로 이해되고 있다(실제 식음료의 경우 아주 많은 제품들에 대해 체험을 제공하고 있다). 그러나 체험 마케팅에서는 체험을 감각적 체험, 행동적 체험, 학습적 체험, 관계적 체험, 감성적 체험으로 구분하여 다양한 방법으로 체험의 순간을 고객들에게 전달하기를 제안한다.

각각의 체험 마케팅 방법으로는 다음과 같은 것들을 예로 들 수 있다. 먼저 감각적 체험은 시각, 미각, 청각, 촉각, 후각의 오감으로 체험하는 것으로, 식품류의 시식이나 화장품과 향수의 테스트와 시향, '오설록'과 같이 제품 이름을 딴 공간에서 오감을 체험하는 방법 등이 있다. 행동적 체험으로는 고객이 직접 참가하는 전시회와 공장견학 프로그램, 이벤

체험 유형	내용	예
감각적 체험	시각, 미각, 청각, 촉각, 후각의 오감으로 체험	시식, 테스트, 공간체험 등
행동적 체험	기업이 개최하는 각종 행사를 체험	전시회, 견학, 이벤트 등
학습적 체험	기업과 제품에 관련된 각종 정보와 교육 체험	세미나, 자료집 등
감성적 체험	기업과 제품에 대한 정성적 체험	광고, 이벤트 등
관계적 체험	서비스와 고객관리 체험	고객관리, 서비스 등

표 5. 체험 마케팅에서 제안하는 체험의 다양한 유형

트 등이 있다. 이 두 가지가 직접적 체험이라면, 기업과 제품 관련 정보를 세미나와 자료집 등을 통해 체험하는 학습적 체험과 광고 등의 이미지를 통한 감성적 체험은 간접적 체험에 가깝다.

마지막으로 관계적 체험은 고객과 제품 사이의 고객관리와 서비스 등을 체험하는 것으로, 이에 해당하는 리츠칼튼 리조트 이야기가 인터넷에서 화제가 된 적이 있다.

아이를 둔 가족이 리츠칼튼 리조트에서 휴가를 보냈는데 집에 돌아와서 아이 인형을 리조트에 놓고 온 걸 알았다. 아이의 가족은 리조트에 전화를 해서 인형을 찾아달라는 요청을 했다. 그러자 리츠칼튼 리조트는 아이에게 인형이 수영장과 사우나에서 쉬고 있는 사진과 함께 곧 돌아갈 테니 걱정하지 말라는 메일을 보냈고, 며칠 후 인형은 가족의 품으로 돌아왔다.

특히 초기 시장진입이 어려운 신제품과 중소기업 및 사회적경제 기업 제품의 경우에는 제품구매로 손해를 입을 것 같다는 손실회피 심리를 없앨 수 있는 방법으로 체험 마케팅에 주목해볼 만하다. 시장진입과 연착륙의 효과를 얻을 수 있다.

제품구매 시스템^{Buying System}에 따르면 제품 체험 이후 고객들은 만족 또는 불만족을 바탕으로 구매 또는 비구매 행동을 하게 된다. 그리고 구매한 고객들은 입소문을 퍼트려 새로운 고객을 개발하는 적극적인 활동을 한다. 제니스옵티미디어 글로벌 데이터베이스에서 '제품구매시 가장 영향을 많이 주는 광고 순위 20'을 조사한 결과를 보면 추천과 체험이 우리가 알고 있는 대표적인 광고매체인 TV, 잡지, 신문, 홈페이지 등을 제치고 상위를 차지하고 있다.

1. 친구와 가족 추천	11. 별도의 사용 후기
2. 애프터서비스(AS)	12. 구매시 무료로 받은 선물
3. 동료 추천	13. 포장
4. 전문가 추천	14. 판촉 팸플릿과 매장 카탈로그
5. 개인의 브랜드 사용 경험	15. 영업사원 추천
6. 친구에게서 선물로 받은 브랜드	16. TV 광고
7. 매장 내 견본 제품	17. 인터넷 검색
8. 비교 웹사이트	18. 충성고객 확보 프로그램
9. 브랜드를 써본 다른 사람들	19. 브랜드 홈페이지
10. 전문 기술자 추천	20. 인쇄매체 홍보물

출처. 제니스옵티미디어 글로벌 데이터베이스(2010년 4월)

표 6. 제품구매시 가장 영향을 많이 주는 광고 순위 20

어떻게 실감나게 체험을 제공할까? 어렵다면 먼저 제품을 직접 사용하여 경험해보고, 정보와 이미지를 전달할 수 있는 다양한 방법을 찾은 다음 관련된 체험을 제공하면 된다. 어떤 제품이나 서비스든 체험은 가능하고 앞서 말한 다섯 가지 체험은 몇 가지씩 동시에 이루어지면서 고객의 행동을 불러온다.

⑥ ——— 비선형으로 순환하는 밸류서클

예전과 같이 생산자가 주도하는 광고와 유통은
고객 중심의 시장에서 신뢰를 얻거나 수용되기 어렵고
고객을 개발하는 데 한계가 있다. 이제는
고객 스스로가 정보를 생산하고 유통할 수 있는 환경을 제공해야 한다.

선형적인 마케팅 모델은 생산자가 중심이 되어 기업 밖의 고객을 만나는 인사이드아웃Inside-Out 방식의 일방향적인 밸류체인(Value Chain, 계획된 프로그램에 따라 사업을 순차적으로 진행하는 것)에 따라 '연구개발(기획) – 원재료 가공 – 생산 – 판매'까지 정해진 과정을 거치며 진행된다. 이는 범용화된 제품을 대량생산하거나 수직적 기업구조에서 규격에 맞춘 표준화된 제품을 생산하는 데에는 효율적인 방법이다.

하지만 고객의 영향력이 커지고 인터넷상의 네트워크를 기반으로 초세분화된 시장에서, 초기 투자비용이 높은 경우를 제외하고는 밸류체인 비즈니스 모델이 성공할 가능성이 낮아졌다. 이제 비즈니스 모델은 공급자와 수용자 입장을 뚜렷하게 구분하지 말고 상호 유기적인 관계를 지향해야 한다. 그러한 가운데 빠르게 변화하고 다양해진 시장수요에 따라 '제품개발-생산'을 네트워크화하고 제품개발과 판매 과정에 지속적으로 고객의 의견을 반영할 수 있는 밸류서클Value Circle로 전환해야 한다. 밸류서클 모델의 핵심적인 특징은 결과에 이르는 과정을 중요하게 생각하는 비선형적 모델이라는 점이다.

그림 10을 보면, 밸류서클에서 특히 중요한 지점은 연구개발에 앞서 기회발견을 하는 Key 1과 편익과 타깃 사이에서 제품가치와 제안 내용을 정립하는 Key 2, 판매를 위한 Key 3 지점이다. 전체 밸류서클은 제품생산 과정의 '서클 1'과 판매유통 과정의 '서클 2'로 각각 순환되고, 이들 서클은 다시 전체를 포괄하는 큰 서클로 순환된다. Key 1, 2, 3인 기회발견, STP 전략, 프로모션Promotion인 각각의 서클을 이끌어가는 구심求心 역할을 한다.

생산과 판매 과정에서 기회발견과 함께 두 가지 마케팅 전략 모델이 밸류서클을 이끌어가는 나침반이 된다. 하나는 제품이 진입할 세분화된 시장인 세그먼트Segment, 가치를 제

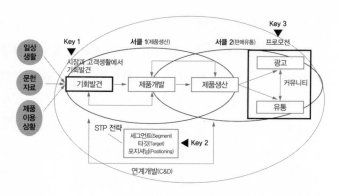

그림 10. 밸류서클 모델

안해야 할 타깃^{Target}, 제품의 가치와 정체성이 되는 포지셔닝 Positioning의 전통적인 STP^{Segment-Target-Positioning} 전략이고, 또 하나는 판매를 위해 필요한 광고와 유통을 포괄하는 프로모션이다. 그리고 모든 서클은 개방과 공유, 협력, 개성, 연결, 즉흥, 탄력, 유연이라는, 네트워크와 플랫폼을 구성하는 특징들로 이루어진다.

밸류서클의 첫 번째 서클인 제품생산 서클은 기회발견에서 시작된다. 일상생활과 문헌자료, 제품이용 상황에서 발견되는 문제와 욕구, 요구에 따라서 제품이 기획되고 이는 기업 내부뿐만 아니라 네트워크화된 연구자와 생산자로 연결된다.

개발·생산 과정의 서클을 대표하는 개방과 혁신형 마케팅 모델로 연계개발C&D, Connect & Develop을 들 수 있다. 연계개발은 버클리대 체스브러H. Chesbrough 교수가 주장하고 P&G가 처음 도입한 모델로, 전통적인 연구개발R&D과 다르게 기술혁신을 위해 기업 내부에 소속된 연구부서와 생산시설만이 아니라 외부의 네트워크화된 개인(고객 포함) 및 기업의 연구와 생산시설과 연결해서 제품개발과 생산을 진행하는 것을 말한다. 이 과정은 수직적이 아니라 상호성을 바탕으로 하며, 기술을 융합하고 기술개발 시간을 단축하면서도 투자비용을 빠르게 회수하고 상호이익Win-Win을 창출한다는 특징이 있다.

앞서 이야기한 것과 같이 소량 제품이 시시각각 빠르게 교체되는 시장에서 대량생산 시설을 가진 기업들은 기업 내부의 연구, 생산만으로 시장의 변화에 적응하기 어려워 이러한 방법을 선택하게 된다. 신세계백화점 '우리술방'과 현대백화점에 입점해 있는 '명인명촌' 등은 외부의 다양한 생산자들과 연결되어 있는 네트워크 유통 플랫폼이다.

두 번째 서클인 판매유통 서클은 신뢰할 수 있는 정보를 생산하고 유통하는 SNS와 같은 디지털 매체의 영향력과 끊임없이 새롭게 등장하는 온라인 시장의 성장, 생산 과정에 주도적으로 참여하고 제안하는 고객 특징이 반영된 서클이다. 예전과 같이 생산자가 주도하는 광고와 유통은 고객 중심의 시장에서 신뢰를 얻거나 수용되기 어렵고 고객을 개발하는 데 한계가 있다. 이제는 고객 스스로가 정보를 생산하고 유통할 수 있는 환경을 제공해야 한다. 고객이 생산한 정보가 광고가 되고 고객이 그 정보를 다시 확산한다. 유통에 있어서도 마찬가지다. 대형화된 유통기업의 시장영향력이 높아져도, 디지털 기술과 고객의 관계 속에서 발견된 기회는 배달의민족, 마켓컬리, 에어비앤비, 카카오메이커스 등과 같은 새로운 유통 채널을 계속해서 만들어내고 있다.

생산과 판매, 두 개의 서클은 분리된 것이 아니라 하나의 서클로 연결되어 순환된다. SNS의 고객 메시지가 새로운 제품을 개발하는 기회가 되기도 하고, 제품개발과 생산 과정이 광고가 되기도 한다.

이렇게 새로운 비즈니스 과정은 각각 단계가 분리되어 다음 단계로 넘어가면서 순차적으로 작동하는 게 아니라 앞뒤 없이 연결되어 영향을 주고받으며 순환된다. 이 과정에서 비즈니스는 혁신적 나선 모델에 따라 다시 '우아한 발견'을 찾아 새로운 시장을 개발하기도 하고 확장되기도 하면서 성장해간다.

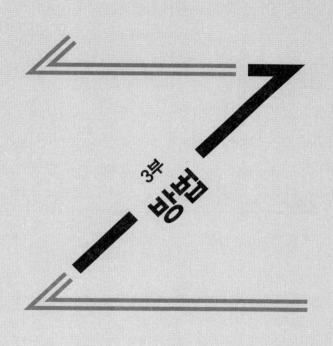

3부

바람

전통적인 매스 마케팅에서 중요했던 방법들이 가치와 관계가 중요해진 시장에서는 그 역할이 작아졌다. '방법'은 결국 마케팅 전환의 방향과 함께해야 하기 때문이다.

방법은 제품개발과 제품판매에 사용될 수 있으며, 기업의 상황에 맞춰 선택적으로 적용할 수 있다. 우선적으로 정리된 방법들 모두 참여와 결정의 주체가 되고 싶어 하고, 이해하기보다 느낌에서 오는 공감을 즐기고, 편익보다 연결된 이미지를 구매하는 고객들의 행동심리를 받아들이고 있다

❶ ─── 초성숙시장에서 협업이 주는 기회

최근 시장에서 가장 주목해야 할 협업방법은 하이브리드 협업이다.
시장에는 이미 고객욕구를 충분히 채울 만큼의 제품과 서비스가 나와 있고
이제 고객들은 빠르게 변화하는 트렌드에 맞춰
새로운 가치를 제안해줄 제품과 서비스를 찾고 있다.

콜래보레이션^{Collaboration}, 코퍼레이션^{Co-Operation}으로 불리는 협업은
성숙된 시장에서 기업에게 세 가지 기회를 제공한다. 첫째는
생산과 판매 과정에서의 마케팅 비용 절감, 둘째는 다른 제품
이 지닌 장점과 이미지를 우리 제품으로 가져오는 전이효과
轉移效果, 마지막으로 지금 시장에 가장 필요한 혁신의 기회다.
협업이 예전과 달리 '콜래보레이션'이라 불리게 된 것도 혁신
효과에 대한 기대 때문이다. 새로운 고객욕구를 만족시킬 수
있는 창조적인 제품이나 서비스를 개발하기 위해 이종異種, 즉
전혀 다른 범주의 제품(또는 예술, 과학, 인문 등의 다양한 분야에 걸쳐서)의

융합에서 창조적인 아이디어를 얻어 이전에 볼 수 없던 새로운 가치를 지닌 제품과 서비스를 탄생시키는 효과 말이다.

이렇게 협업은 두 개 이상의 기업 또는 제품을 결합해 새로운 제품과 서비스를 개발하거나 판매를 목적으로 공동으로 진행하는 마케팅 기법이다.

협업을 대표하는 기법으로 다음 네 가지가 있다.

1. 두 제품이 지니고 있는 가치를 상호 보완하면서 시장에 진출하는 윈윈^{Win-Win}

2. 제품 품질의 신뢰성을 높이기 위해 제품에 사용되는 원자재 제품의 신뢰도를 활용하는 요소 브랜드^{Ingredient Brand}

3. 단기적인 판매증진을 위해 공동으로 프로모션과 광고를 하는 코업 마케팅^{Co-op Marketing}

4. 새로운 고객제안을 위해 익숙하지 않은 두 개의 제품가치를 결합해 공동으로 새로운 가치를 만들어내는 하이브리드^{Hybrid}, 극단적 협업^{Radical Collaboration}

생산과 유통 과정에서 협업방법으로 사용하는 '윈윈'은 자신이 가지고 있지 않는 유무형의 자원을 다른 제품이 가지

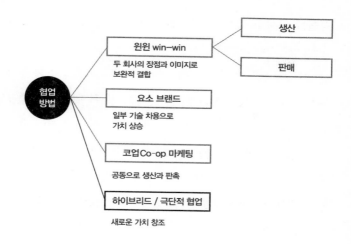

그림 11. 협업을 대표하는 네 가지 기법

고 있을 때, 서로의 필요에 따라서 각자의 자원을 상대방에게 제공하고 제공받으면서 진행된다. 스타벅스와 동서커피의 협업은 스타벅스가 가지고 있지 못한 대량생산 시설과 시판매장 유통 채널, 동서식품 커피 부문이 가지고 있지 못한 프리미엄 제품이라는, 보완해야 할 두 개의 필요가 만나 이루어진 경우다. 또 이주여성을 위한 문화·경제공동체 에코팜므와 이주·난민 여성들 작품의 협업도 원원의 사례다. 이주·난민 여성들이 가지고 있는 우리와 다른 색감과 형태감에 가치와 디자인을 더해 흔히 보기 힘든 매력적인 파우치, 타일, 티셔츠 등의 상품을 만들었다.

요소 브랜드는 자사의 제품명과 원자재 제품명을 제품이나 광고에 같이 사용함으로써 제품에 사용된 원자재의 품질에 대한 신뢰를 자사 제품 신뢰로 가져오는 이미지 전이 방법이다. 고어텍스^{GORE-TEX}가 의류회사가 아님에도 많은 아웃도어 의류제품에서 노출되는 것과 한우를 앞세워 햄버거나 전통 설렁탕류의 제품을 광고하는 것이 이에 속한다.

단기적인 판매증진 방법으로 사용되는 공동 프로모션과 광고인 코업 마케팅은 공동으로 판매촉진을 위한 광고를 제작, 집행하고 판매기회를 넓히기 위해서 각자의 매장에서 서로의 제품을 판매하거나 공동판매장을 운영하는 방법이다. 이 방법은 맥락에 따라 한 개의 제품을 구매할 때 다른 제품을 구매하게 되는 경우를 이용한 교차판매^{Cross Selling}와도 같은 방법이다. 커피와 도넛처럼 말이다.

최근 시장에서 가장 주목해야 할 협업방법은 하이브리드 협업이다. 시장에는 이미 고객욕구를 충분히 채울 만큼의 제품과 서비스가 나와 있고 이제 고객들은 빠르게 변화하는 트렌드에 맞춰 새로운 가치를 제안해줄 제품과 서비스를 찾고

에코팜므와 난민 여성들의 작품을 콜라보한 제품

있다. 나이키와 애플은 협업으로 '나이키+아이팟+스포츠 키트'를 연결해 시장에서 다른 업종 간의 극단적 협업을 대표하는 '에어 줌 무아레Air Zoom Moire' 운동화를 생산했다. 이 운동화는 아이팟 헤드폰이나 화면으로, 운동을 하면서 음악을 들을 수 있을 뿐 아니라 얼마나 빨리 얼마나 멀리 달렸는지, 칼로리를 얼마나 소모했는지 등의 정보를 확인할 수 있는 제품이다. 이는 나이키와 애플의 혁신적인 도전으로 평가받고 있으며, 미래시장 리더의 지위를 강화하면서 기업 가치를 높이는 효과를 안겨주었다.

적정기술 분야에서 주목할 만한 협업사례로, 디자인 싱킹으로 유명한 디자인기업 아이데오^{IDEO}가 개발해 보급한 정수기 세발자전거 아쿠아덕트^{Aquaduct}를 들 수 있다. 이 제품은 구글과 스페셜라이즈드^{Specialized}라는 자전거기업이 공동으로 개최한 경연대회를 통해 개발된 것이다. 아쿠아덕트는 개발도상국 물 부족 국가 주민들을 위해 개발된 것으로, 사람이 자전거 페달을 밟을 때마다 얻어지는 동력으로 큰 통 안에 저장된 물이 자전거 안에 장착된 필터기를 통해 정수되어 저장되는 정수기 자전거다. 이제는 디지털 기술이 발전함에 따라 IT제품과, 다른 제품 및 서비스와의 융합은 어찌 보면 필수라 할 수 있으며 빠른 속도로 확장되는 협업이다.

한편, IT와의 융합이 정보통신기술을 기반으로 제품에 편리를 더해준다면, 예술과의 융합은 사람들에게 편익을 넘어 만족감을 주는 감성을 채워줄 수 있다. 또 이는 변별력이 없어진 시장에서 제품가치를 높이고 돋보이도록 하는 기회가 되기도 한다. 그래서 다양한 예술가 또는 예술활동과 제조 및 서비스 회사의 협업도 점점 많아지고 있으며 협업을 통해 매력적인 제품을 만들어내고 있다.

협업은 서로 다른 가치를 지닌 기업과 제품이 함께하는,

쉽지 않은 일이기 때문에 일정한 원칙을 따라야 기대하는 효과를 얻을 수 있다.

8가지 협업원칙

1. 참여한 기업 모두에게 협업의 목적이 되는 정량적 또는 정성적인 분명한 이익이 있어야 한다.

2. 품질과 이미지에 대한 엄격한 기준과 관리가 필요하다.

3. 기존 제품과 비교해서 차별화된 가치가 있어야 한다.

4. 생산한 제품도 지속적인 개선이 필요하다.

5. 제품을 책임지는 담당 팀과 담당자가 있어야 한다.

6. 모든 업무 과정이 투명하게 공개되어야 한다.

7. 중요한 결정은 서로 협의해야 한다.

8. 서로를 신뢰할 수 있어야 한다.

8가지 기대효과

1. 새로운 시장기회를 발견할 수 있다.

2. 참여하는 기업의 이미지를 높일 수 있다.

3. 참여하는 기업의 신뢰도를 높일 수 있다.

4. 제품가격을 낮출 수 있다.

5. 짧은 시간에 효과를 얻을 수 있다.

6. 기업 성장에 필요한 다양한 네트워크를 만들 수 있다.

7. 가지지 못했거나 취약한 약점을 보완할 수 있다.

8. 외부상황 변화에 빠르게 대응할 수 있다.

성숙과 다양성으로 대표되는 새로운 시장의 새로운 기회는 협업에 있다. 새로운 비즈니스 모델인 네트워크와 플랫폼도 협업이다.

② ——— # 가장 쉬운, 가장 효과적인 TPO

TPO 전략은 판매만을 위한 광고유통 전략이 아니다. TPO 전략을 잘 활용하면
초세분화되는 시장에서 새로운 수요를 찾아 상품을 개발할 수도 있다.
이미 너무 많은 상품들이 나와 있고, 소비자들의 욕구가 점점 더 세분화되어 가는 시장에서
앞으로는 더 많은 TPO 상품들이 생겨날 것이다.

"모든 일에는 때와 장소가 있다."는 말처럼 마케팅에도 때와 장소, 그리고 알맞은 상황이 있다. 때와 장소, 상황이라는 말을 마케팅에서는 Timing(시간), Place(장소), Opportunity(상황)의 TPO 전략이라고 한다. TPO 전략은 소비자들의 생활습관Lifestyle에 맞춘 맥락Context 속에서 제품을 제안하는 마케팅 방법으로, "생활 속에 있어라Engagement"라는 명제命題는 지금 마케팅에서 가장 중요한 주제이다.

시간Timing은 제품에 대한 욕구가 가장 높은 시간을 말한다. 하루 중에 언제 우유를 가장 마시고 싶을까? 언제 커피를 가장 마시고 싶을까? 이 시간에 제품을 제안한다면 고객들은 익숙한 생활습관에 따라 제품을 구매할 가능성이 높아진다. 여기서 시간은 하루일 수도 있지만 일주일, 한 달, 사계절, 일년으로 범위를 넓힐 수도 있다. 월급날인 25일 전후에 카드사와 유통점에서 다양한 쿠폰이 제공되고 카드매출이 올라가는 것은 우연이 아니다. 매년 노트북이 가장 많이 팔리는 시기는 2~3월 졸업, 입학철이다. '아침에 주스'와 '오후에 홍차'는 고객습관에 따라 제품사용 시간을 구체적으로 제안하는 대표적인 예다.

장소Place는 상품에 대한 욕구가 가장 높은 장소이다. 동서

분류	내용	예
시간(Timing)	상품에 대한 욕구가 가장 높은 시간	'아침에 주스' '오후에 홍차' 등
장소(Place)	상품에 대한 욕구가 가장 높은 장소	'동원캠핑 통그릴 후랑크' 등
상황(Opportunity)	상품이 가장 필요한 상황	'졸릴 때 씹는 껌' 등

표 7. TPO 전략의 내용과 사례

커피 맥심 모카카페는 커피가 가장 잘 어울리는 장소를 찾아 팝업 매장(Pop-Up Store, 한시적으로 제품 체험과 판매를 위해 특정 장소에서 운영하는 매장)을 열고 있다. 페브리즈는 시내 고깃집에서 제품 체험 기회를 제공해서 페브리즈를 사용해본 경험이 없는 사람에게 초기 구매를 유도할 수 있었다.

판매 장소는 매출에 직접적인 영향을 주기도 한다. 몇 년 전 인기를 끈 '총각네 야채가게'의 성공비밀은 좋은 품질과 서비스보다는 장소에 있었다. 신선식품 위주의 우리 음식문화와 일주일 단위의 야채 구매주기, 평균 2주에 한 번 대형

TPO 전략을 보여주는 맥심 모카다방

할인매장에 가는 쇼핑주기의 불일치에서 기회를 발견해, 출퇴근길에 지나는 아파트 주변 버스정류장과 지하철역이라는 장소를 찾아낸 것이 성공요인이었다.

상황^{Opportunity}은 상품이 가장 필요한 상황을 말한다. 공항에 있는 서점과 꽃집. 화장실 앞 자판기는 모두 상황을 고려한 방법이다. 청송사과유통공사가 주왕산 입구에 지역 특산물인 사과와 사과주스 자판기를 설치한 것은 등산이라는 상황이 만들어준 기회를 제품판매와 연결시킨 좋은 제안이다.

시간, 장소, 상황, 이 세 가지는 두 개 또는 세 개가 함께 사용되는 경우가 많고 그럴 때 효과가 높다.

TPO 전략은 판매만을 위한 광고유통 전략이 아니다. TPO 전략을 잘 활용하면 초세분화되는 시장에서 새로운 수요를 찾아 상품을 개발할 수도 있다. '아침에 사과주스' '졸릴 때 씹는 껌' '술 마신 뒤에 마시는 음료' '프로스펙스 W운동화' '나이트화장품' 등은 모두 성숙된 시장에서 특정한 시간과 장소, 상황에 따른 새로운 가치 제안으로 만든 TPO 상품들이다. 이미 너무 많은 상품들이 나와 있고, 소비자들의 욕구가 점점 더 세분화되어 가는 시장에서 앞으로는 더 많은 TPO 상품들이 생겨날 것이다.

TPO 전략을 일 년으로 확장한 마케팅 캘린더는 역으로 TPO 마케팅의 기초자료가 되기도 한다. 일 년을 계획하면서 계절에 따라, 특정 기념일마다 매출을 높이고 시즌에 맞는 제품을 생산하기 위해 준비하는 것이 마케팅 캘린더다. 계절, 대규모 행사, 생활풍습, 기념일, 상징물이나 이미지 등의 항목으로 작성되는 마케팅 캘린더에는 일 년치 마케팅 계획이 들어 있다.

한 해가 시작되는 1월에 사람들은 새해에 꼭 해야 하거나 하고 싶은 일을 계획하고 그 계획에 따라 영어 등의 외국어 공부나 운동 등을 새로 시작한다. 또 읽어야 할 책을 사고, 금연 등을 다짐한다. 1월 마케팅 캘린더 일정에 따라 온오프라인 쇼핑몰 등 유통사들은 해당 연도의 12간지 상품을 내놓고 새해 소원을 주제로 하여 판촉활동을 벌인다. 스타벅스 캘린더도 마일리지(세일즈 프로모션 기법)와 경품 두 가지 판매기법을 사용한 연말, 연초 시즌 마케팅이다. 마케팅 인게이지먼트 경향(사람들의 생활 속에서 무언가를 발견하려고 하는 경향)으로 인해 사람들의 생활을 보여주는 마케팅 캘린더의 역할이 더 중요해졌다.

월	계절	대형 이벤트	국가	사회	가정	이미지	상징물	스포츠
1	겨울							
2								
3	봄							
4								
5								
6	여름							
7								
8								
9	가을							
10								
11								
12	겨울							

표 8. 마케팅 캘린더

마케팅 캘린더 작성방법은 다음과 같다.

1. 대형 이벤트 칸에는 고객들의 관심이 높은 국내외 개최 예정 이벤트를 적는다. 예를 들어 월드컵, 올림픽, 남북공동행사 등.

2. 국가 칸에는 현충일, 광복절, 선거일 등의 기념일이나 국가 행사를 적는다.

3. 사회와 가정 칸은 공통되는 점이 많아 같이 작성해도 되고 나누어 작성해도 된다. 설날, 추석, 대보름 등 명절과 전통적

으로 내려오는 입춘, 동지 등 세시풍속이 해당된다. 또 이사,
결혼, 입학, 어버이날, 어린이날, 크리스마스 등 일상의 많은
일들로 채울 수 있다.

4. 이미지와 상징물 칸도 같이 작성해도 된다. 1월의 이미지와
상징물로 눈, 새해일출, 얼음, 설산, 설화, 눈사람, 한파, 목도
리 등이 있을 수 있다.

5. 스포츠 칸에는 계절마다 대표되는 스포츠와 레포츠 종목들
을 적으면 된다.

마케팅 캘린더는 마케팅을 하는 사람들에게 할 일을 알려
주고 아이디어와 영감을 제공하는 알람 역할을 한다. 그래서
늘 책상 앞 눈에 잘 띄는 곳에 두어야 한다.

③ ———————— 많은 일을 하는 샘플링

> 고객들에게 사용경험을 제공하는 샘플링이 업종과 상관없이
> 제품판매를 촉진하거나 제품정보를 알리는 방법으로
> 효과를 인정받고 있는 이유는, 제품의 사용경험이 무엇보다도
> 구매를 결정하는 데 가장 큰 영향력을 발휘하기 때문이다.

마케팅 방법 중에 샘플링Sampling만큼 많이 사용되고 많은 일을
하는 방법도 없을 것이다. 판매를 위한 샘플링 방법에는 직
접적으로 제품사용 경험을 제공하는 프로덕트 샘플링(Product
Sampling, 견본품 배포), 특정 장소에서 효과적으로 제품을 노출시
키고 사용경험을 제공하는 데몬스트레이션(Demonstration, 시
연), '체험단'의 방식으로 일정 기간 제품사용 경험을 제공하
는 모니터링Monitoring이 있다. 체험 마케팅과 바이럴 마케팅(Viral
Marketing, 입소문)에서도 샘플링은 가장 중요한 기법이 된다.

제품 구매동기Trigger부터 체험까지 고객의 제품 구매행동을

단계별로 정리한 제품구매 시스템을 따라가다 보면, 스스로 선택한 제품 또는 샘플링으로 무료 제공되는 제품을 체험한 후 사람들은 두 가지 태도를 보인다. '나에게 맞다.' 또는 '나에 맞지 않는다.' 나에게 맞는 제품 경험을 한 고객은 다시 구매와 입소문이라는 행동을 한다. 입소문은 의도하지 않아도 언어본능을 가진 호모 로쿠엔스^{Homo loquens}의 특성에 따라 자연스럽게 일어난다. 이러한 고객행동에 힘입어 샘플링은 제품판매와 더불어 고객이 선택한 제품에 대한 좋은 정보를 확산시킬 수 있는 기회가 된다.

식품이나 생활용품과 같은 소비재의 경우 약 90%가 넘는 기업들이 제품판매와 고객들의 입소문을 기대하면서 샘플링을 진행한다. 그렇다고 샘플링이 식품이나 생활용품에만 효과적인 것은 아니다. IT제품, 서비스 제품 등과 B2B 거래에서도 자주 사용된다.

이렇게 고객들에게 사용경험을 제공하는 샘플링이 업종과 상관없이 제품판매를 촉진하거나 제품정보를 알리는 방법으로 효과를 인정받고 있는 이유는, 제품의 사용경험이 무엇보다도 구매를 결정하는 데 가장 큰 영향력을 발휘하기 때문이다. 글로벌 광고시장 조사기관인 제니스옵티미디어의

2013년 글로벌 데이터베이스 자료에 따르면, 고객이 제품을 구매할 때 가장 영향을 많이 받는 상위 10위 중에서 샘플링과 같은 제품사용 경험이 주요 순위를 모두 차지하는 것으로 나타났다.

이제는 광고에 대한 신뢰도가 많이 낮아지고, 고객의 지식수준이 높아지고, 접근할 수 있는 정보도 많아졌다. 이런 상황에서, 제품구매에 필요한 정보를 얻는 과정만 봐도 광고를 보고 사야 할 제품을 선택하기보다는 내가 직접 사용해보거나 가족이나 친구, 지인 등의 이야기를 듣고 제품구매를 결정하는 경우를 쉽게 볼 수 있다.

샘플링은 주로 언제 사용할까? 마케팅 담당자들은 신제품을 내놓을 때나 제품이 시장에 연착륙하지 못할 때 샘플링을 사용한다. 이렇게 샘플링은 큰 비용을 들이지 않고 고객을 개발하고 인지도와 선호도까지 올릴 수 있는, 기업이 선택할 수 있는 가장 좋은 마케팅 방법이다.

그림 12는 샘플링 기획을 위한 안내이다. 우선 샘플링 기획을 위해서는 두 가지 조사 정리가 필요하다. 하나는 브랜드가 지닌 매력적인 가치(제품 콘셉트: 구매동인(動因))과 이미지Style)이고, 다른 하나는 제품 타깃 라이프스타일(생활상: 어떤 시간과 어떤 공간 안

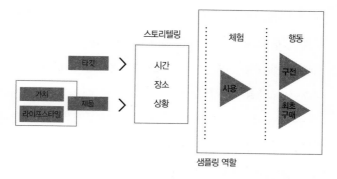

그림 12. 샘플링 기획 프로세스

에서 어떻게 살아가고 있는지) 분석이다. 이 두 가지 축으로 찾아낸 샘플링 콘셉트(또는 주제)를 가지고 본격적으로 샘플링을 할 장소와 시간, 특별한 연출상황(제품을 필요로 하는 고객 상황)을 기획하면 된다. 이렇게 '언제, 어디서, 어떻게'의 샘플링 스토리가 만들어지고 제안되는 것이다. 이렇게 제안된 제품을 체험한 고객은 긍정적인 경험을 통해 첫 구매를 하고, 체험을 통해 얻은 정보를 주위 지인들에게 공유(구전)한다.

약초로 만든 차를 생산, 판매하는 이풀협동조합의 경우 '마실수록 건강한 차'라는 콘셉트를 가지고 전통스러운 차를 현대화시킨 이미지를 추구한다. 타깃이 40대 이상의 여성이라면 샘플링은 40대 이상의 여성 모임(온라인 커뮤니티나 오프라인 모임)이 있는 곳을 찾아서, 예를 들어 휴일 등산로, 문화센터, 쇼핑몰 등에서 할 수 있다. 물론 샘플링을 할 때 직접 차를 시음할 수 있도록 하고 약초로 만든 '마실수록 건강해지는 차'라는 제품 콘셉트를 오감五感으로 느낄 수 있도록 해주어야 한다.

가장 좋은 샘플링은 제품을 필요로 하는 시간과 장소, 상황에 가깝게(3부 방법의 '2. 가장 쉬운, 가장 효과적인 TPO' 참고) 체험기회를 제공하는 것이다.

다시 한 번 강조하지만 샘플링은 고객에게 사용경험을 제공하고, 사용경험을 한 고객은 제품구매와 더불어 타깃들이 신뢰할 수 있는 입소문을 만들어낸다.

고객이 말할 수 있게

어떻게 고객들이 스스로 제품에 대한 긍정적인 이야기를
하게 할 수 있을까? 쉽지 않지만 오히려 가장 단순한 방법이
입소문을 유발할 수 있다는 점을 잊지 말자.
말하는 인간에게는 체험이 입소문을 내는 가장 좋은 동기가 될 수 있다.

고객은 늘 제품에 대해 주위에 있는 누군가에게 말을 한다.
좋은 경험이든 좋지 않은 경험이든, 직접 경험한 것이든 누군
가에게서 들은 것이든 정보가 되는 말을 한다. 이러한 입소문
은 사람들이 이익과 무관하게 대화를 통해 제품 및 서비스에
대한 정보를 전달하는 방법이다. 예전에는 오프라인에서의
활동이 중요했지만 지금은 인터넷이나 SNS에서 하는 활동이
절대적이다. 한편 입소문을 연구하는 사람들은 좋지 않은 이
야기일수록 더 빨리 확산된다는 것을 알아내고, 기업이 위기
에 처했을 때 대응할 수 있도록 부정적 정보 확산 진화방법을

준비하라고 이야기한다. 그 방법은 '인정하라-조사하라-대책을 준비하라'이다.

입소문은 평판^{Reputation}이라고 할 수 있다. 평판은 고객 입장에서 객관적으로 대상의 장단점을 구분하여 말하는 것을 뜻한다. 시장이나 사회에 나온 제품은 고객들의 평판을 피할 수 없다. 오히려 평판이 없거나 입소문이 나지 않는 제품은 고객의 구매고려 목록이나 관심목록에 들어 있지 않기 때문에 구매될 가능성이 낮아진다.

고객 평판은 제품에 관한 고객들의 관심사항인 윤리, 품질과 기술, 혁신, 디자인, 전통의 5가지 평판 척도로 이루어지며 다음과 같은 사항들이 기준이 된다.

1. 윤리는 제품 생산과 판매 과정에서의 지속가능한 역할과 책임

2. 품질과 기술은 기술개발과 생산능력, 고객들의 제품만족도

3. 전통은 역사적 명성과 인지도

4. 디자인은 미감과 트렌드

5. 혁신은 새로운 솔루션 아이디어

고객들에게 파타고니아와 유한양행은 윤리와 품질에서

높은 평판점수를 받고, 삼성전자와 현대자동차는 품질·기술에서 높은 평판점수를 받는 기업이다. 영국왕실자기 본차이나를 만든 웨지우드는 전통에서, 혁신의 상징 애플은 혁신과 디자인에서 평판에 강점이 있다. 제품과 기업은 이 다섯 가지 기준에 의해서 긍정적 입소문과 부정적 입소문이 생성되고 확산된다.

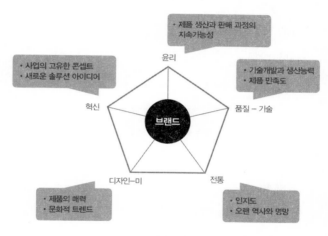

그림 13. 이용자 평판 척도

필립 코틀러는 《마켓 4.0》에서 디지털화 경향 못지않게 제품의 인간적인 특성을 강조하면서 평판을 만들어내는(필립 코틀러는 이 책에서 평판 대신 '사람들을 끌리게 하는 매력'으로 표현한다.) 인간 중심 브랜드의 6가지 특성을 이야기한다.

분류	내용	예
물리성	고객에게 보일 수 있는 물리적 매력	삼성, 현대자동차 등
지성	지식을 갖추고 혁신적인 아이디어로 고객의 문제 해결	애플, 우버, 에어비앤비 등
사회성	• 다양한 미디어로 고객과의 대화에 적극적으로 참여 • 소셜 미디어에 흥미로운 콘텐츠를 공유	자포스, 코카콜라 등
감성	감정을 불러일으켜 감정 차원에서 고객과 연결	유니레버, P&G 등
인격성	자신의 존재이유와 행동에 대한 책임	파타고니아
도덕성	사업 과정에서 윤리적인 부분을 고려하고 옳은 일을 할 수 있는 용기에 따라 행동	러쉬, 팀버랜드, 파타고니아 등

표 9. 평판을 형성하는 인간 중심 브랜드의 6가지 특성

이렇게 기업들이 늘 관심을 갖지만 쉽게 되지 않는 것이 입소문 마케팅이다. 특히 요즘은 정보 생산과 유통의 많은 부분을 고객이 담당하고 고객 스스로가 주체적 활동을 지향한다. 그래서 기업 입장에서 널리 퍼지기 원하는 정보를 고객이 쉽게 전달하지 않고 오히려 정보를 검토하고 유통하는 과정에서 탈락시켜버리는 경우도 많다.

그래서 SNS가 등장한 때부터 입소문이 마케팅 전략으로 주목을 받아왔고 아직도 SNS의 영향력에 기업들이 많은 관심을 가지고 있지만, 개인 미디어라는 특성을 지닌 SNS를 기업들이 마케팅 커뮤니케이션 채널로 사용하기는 쉽지 않다. 기업들은 이제 SNS를 자신들이 제작한 광고성 정보를 전달하는 매체로 한정하고, 영향력 있는 유명인이나 특정인을 활용하여 고객들에게 영향력을 발휘하는 인플루언서^{Influencer} 마케팅에 치중하고 있다.

어떻게 고객들이 스스로 제품에 대한 긍정적인 이야기를 하게 할 수 있을까? 쉽지 않지만 오히려 가장 단순한 방법이 입소문을 유발할 수 있다는 점을 잊지 말자. 고객에게 자극을 주는 S(자극, Stimulus) - A(행동, Action)는 고객이 행동할 수 있게 자극을 주는 환경을 만드는 방법이다. '말하는 인간'에게는 체험이 입소문을 내는 가장 좋은 동기가 될 수 있다(2부 방향의 '5. 실감나게' 참고). 또 감성적으로 생각하고 행동하는 인간에게 감동도 입소문을 만들어내는 좋은 방법이 된다.

입소문을 만들어내는 구체적인 방법으로 다음 다섯 가지를 들 수 있다.

1. 고객이 모르는, 제품이 지니고 있는 새로운 정보를 찾거나 사용방법을 개발한다.
2. 제품과 관련된 새로운 뉴스를 개발한다.
3. 고객 사이에서 오가는, 제품과 관련된 새로운 이야기를 찾는다.
4. 제품 구매와 사용 전 단계에서 고객감동을 만들어낸다.
5. 고객이 직접 제품을 사용할 수 있는 기회를 제공한다.

특히 뉴스는 입소문에 강력한 힘을 발휘한다. 국내의 대표적인 입소문 마케팅 사례는 딤채라는 김치냉장고다. 김치냉장고는 그 이전에는 없던 제품이어서, 아무도 알지도 경험하지도 못한 딤채가 등장하자 주부들 사이에서 큰 화제가 되었다. 동네정미소라는 사회적기업도 쌀 편집매장이라는 독특한 콘셉트로 언론과 사람들에게 관심을 받고 회자되고 있다.

또 입소문은 정보를 전달하는 사람이 누구인지와 그 사람의 신뢰도에 영향을 받으며, 한 번 들었을 때보다 두 번 이상 반복될 때 그리고 전달하는 사람들 수가 늘어날수록 영향력이 커진다.

⑤ ───────────── # 생활로 연결되는 제품

기업과 제품이 주는 편익이 시장에서 성공하는 주요인이던
기술과 정보독점의 시대는 끝났다. 어떻게 고객생활을
다른 고객과 제품으로 자연스럽게 연결할 수 있는지,
그러한 능력이 있는지가 중요해졌다.

일상생활에서 매일 사용하는 제품들은 제각각 나뉘어 사용
되는 것이 아니라 상황에 따라 서로 연결되어 사용된다. 기업
입장에서는 하나의 제품을 파는 것이지만 고객들은 하나의
제품을 사용하는 게 아니라 취향이나 행동에 따라 여러 제품
을 같이 입고, 같이 먹고, 같이 쓴다. 이제 연결은 판매를 위한
가장 중요한 방법이 되었다. 고객에게 매력적인 제안은 개별
적이 아닌 통합적인 제안이다.

고객은 '도넛을 먹을 때 커피를 찾고', '면도기와 면도거품
을 같이 사고', '청바지를 입을 때 어울리는 신발과 가방, 셔츠

를 찾는다.'

이처럼 고객이 제품을 이용하는 상황과 태도에 따라서 구매행동을 제안하는 마케팅 전략이 있다. 바로 '교차판매$^{Cross\ Selling}$'다. 우리가 A라고 하는 제품을 이용할 때 습관적으로 또는 필요에 의해 욕구와 요구가 생기는 B라는 제품이 있다고 하자. 그러면 소비자는 이 두 가지 제품 중 하나를 구매할 때 나머지 하나를 같이 구매할 가능성이 높다. B는 A와 함께 교차판매가 가능한 것이다. 교차판매 전략은 '사용자가 두 가지 제품을 함께 사용하는 데서 얻는 가치가 두 제품을 따로따로 사용할 때 얻는 각각의 가치를 더한 것보다 크다.'라는 보완재^{complements}의 원리와도 통한다.

교차판매를 고객의 제품사용 상황에 따른 직접적인 연결뿐 아니라 더 나아가 고객의 생활을 파악해 제품과 고객생활을 연결하는 간접적인 연결까지로 확장하면 성장과 혁신의 판매기회를 만들 수 있다.

프랑스의 타이어 제조회사 미슐랭^{Michelin}은 타이어와 전혀 연관이 없어 보이는 레스토랑 가이드를 제공했고, 이 책자가 유명세를 타면서 결국 세계적인 음식평가 안내서인 〈미슐랭 가이드〉가 되었다. 이동도구인 타이어 제조기술을 갖춘 기업이 자동차로 음식점을 찾아가는 고객생활에 맞추어 제안을 했고, 이는 타이어 명성을 높이는 결과를 가져왔다. 미국과 영국의 일부 극장들이 가격을 올리면서도 더 많은 관객을 불러들이고 있는 요인은 좋은 영화나 더 편안한 좌석이 아니라 바로 극장에서 아이들을 돌봐주는 서비스를 제공하는 것이다. 두 가지 사례 모두 제품과 고객생활 연결에서 나온 결과이다.

구분	직접연결 (제품이용 상황)	간접연결 (제품과 연결되는 생활)
커피	컵, 케이크 등	서점, 여행지, 커뮤니티 등
청바지	스니커즈, 가방 등	콘서트, 여행, 놀이공원 등
면도기	면도거품, 화장품, 수건 등	넥타이, 양복, 노트북
돼지고기	채소, 주류 등	캠핑, 야외, 회식 등

표 10. 교차판매에서 제품과 고객생활 연결의 예

《콘텐츠의 미래》에 따르면, 제품판매에서 빠지기 쉬운 함정 중 첫째는 고객들의 공유와 연결 관계를 제쳐두고 제품 특징만이 판매의 성공과 실패를 좌우한다고 믿는 것이다. 그 사례로 "1984년 애플은 개인용 컴퓨터 매킨토시를 내놓았다. 경쟁 제품보다 사용, 경험, 안정성 면에서 훨씬 우수한 제품이었지만 10년 후 매킨토시의 시장점유율은 10퍼센트 미만에 그쳤다. 당시 마이크로소프트와의 경쟁에서 애플이 고전했던 이유는 좋은 제품을 만들지 못해서가 아니라 사용자 간의 연결을 활용하는 데 실패했기 때문이다. 사용자들이 PC를 사용하면서 얻는 가장 큰 이점은 품질이나 사용자 편이성, 안전성이 아니라 친구나 동료들과 파일을 나눌 수 있는 능력, 즉 연결할 수 있는 능력이었다."고 말한다.

기업과 제품이 주는 편익이 시장에서 성공하는 주요인이던 기술과 정보독점의 시대는 끝났다. 어떻게 고객생활을 다른 고객과 제품으로 자연스럽게 연결할 수 있는지, 그러한 능력이 있는지가 중요해졌다.

고객 구매 데이터(고객이 시간과 장소, 상황별로 구매한 물건들의 품목과 양을 기록한 정보)를 가지고 있는 유통사와 신용카드사들은 구매 데이터를 분석하여 고객을 가치지향형, 가격형, 건강지향형, 가정형 등 몇 가지 유형으로 나누고 이들의 생활을 연결하는 패턴을 제안한다.

이렇게 마케팅은 생활 속에서 제품이나 서비스를 이용하

는 고객행동을 관찰하여(소비자행동 관찰) 교차판매할 수 있는 제품이나 서비스를 찾기도 하고, 구매 데이터와 라이프스타일을 분석하여 제품 사이의 연결성을 찾아내기도 한다. 문화예술 사회적기업 '문화콩'은 기획작품 〈사는 게 꽃같네〉라는 샌드아트 뮤지컬을 갈라Gala 공연으로 만들어 노인문화복지 등의 공공시장이나 가족 대상 축제 등과 연결해 프로그램 일부를 판매함으로써 매출을 높이고 기획작품 관객을 개발하고 있다.

앞으로는 제품을 구입한 고객들에게 제품의 어떤 점이 마음에 드는지만 물어보지 말고 어떤 제품과 함께 사용하면 유용할 것 같은지도 물어보라. 성장과 혁신은 더 나은 제품이 아니라 더 좋은 연결에서 올 때가 종종 있다. 제품 간 연결 관계에서 성장과 혁신이 일어난다.

여러분의 제품은 어떤 제품과 연결되어 고객생활을 제안할 수 있을까?

전통광고는 판매만을 목적으로 하지만 새로운 광고는 판매 이전에
제품과 고객과의 관계를 목적으로 한다. 판매는 이 관계 속에서 나타나는
자연스러운 행동이라고 보는 것이다. 그래서 광고에서는
판매 이후 고객과의 관계를 어떻게 관리할 것인가가 더 중요해졌다.

"광고의 목적은 구매촉진이다."

"팔지 말고 서비스해 달라(Don't Sell me. Serve me.)."

구매촉진 vs 팔지 말라는 고객욕구. 구매촉진이 기업의
변하지 않는 광고 목적이라면 팔지 말고 서비스해달라는 말
은 광고에 대한 새로운 고객요구다. 이 두 가지 욕구와 요구
가 지금 광고를 사이에 두고 만나고 있다.

전통적으로 제품정보를 제공하면서 구매욕구와 행동을
유도하는 식이던 광고가 달라졌다. 광고가 변화하게 된 요인
에 대해 대부분은 디지털 기술 발달에 따라 뉴미디어가 등장

했기 때문이라고 설명하지만 뉴미디어는 기술의 영향을 받는 광고 매체일 뿐이다. 실제로 변화의 중심은 디지털 기술로 연결되어서 달라진 고객 인식과 행동의 변화다. '전통광고는 죽었다.'라는 말이 나올 정도로 패러다임이 바뀌고 있다는 점에서 이 변화는 전환일지도 모른다.

변화가 시작된 것은 1970~80년대에 기술발전으로 품질이 평준화되고 생산력이 발전하면서부터다. 그 후로 2000년대 들어 인터넷과 스마트폰이라는 디지털 기술을 기반으로 개인 미디어가 급속도로 발전하고 보급된 것, 교육과 정보량이 늘어 고객들의 의식수준이 높아지고 생활양식이 달라진 것 또한 변화의 요인이다. 그리고 1부 '전환'에서 이야기한 것처럼 지구환경 위기·불평등·높아진 자아의식 등 사회 전반에 걸쳐 등장한 새로운 경향이 마케팅에 영향을 끼쳐 광고가 전환하게 되었다고 할 수 있다.

텔레비전, 라디오, 신문, 잡지 등을 대표 미디어로 하는 전통 매스미디어 광고와 새로운 광고의 특징을 좀 더 자세하게 비교해보자. 최근에 '팔지 말라'는 고객요구가 대두되는 것에서도 알 수 있듯이 전통광고는 판매만을 목적으로 하지만, 새로운 광고는 판매 이전에 제품과 고객과의 관계를 목적으로 한다. 판매는 이 관계 속에서 나타나는 자연스러운 행동이라고 보는 것이다. 그래서 광고에서는 판매 이후에 고객과의 관계를 어떻게 관리할 것인가가 더 중요해졌다. 그리고 고객들은 이제 단순 구매자가 아닌 제품의 지지자인 동시에 팬 역할을 한다. 게다가 고객생활은 더 다양해져서 고객들은 거실에 앉아 텔레비전이나 신문을 보는 제한된 미디어 생활에서 벗어나, 개인 미디어를 통해 24시간 다양한 장소에서 다양한 미디어를 원하는 시간에 만나고 있다. 설득 커뮤니케이션으로 여겨지던 광고는 기업과 고객 사이에 정보 대칭화가 이루어지면서 설득이 아닌 공감의 관계를 맺는 수단이 되었다.

전통광고의 또 다른 특징은 광고 비용이 높다는 것이다. 그래서 얼마 전까지만 해도 단기적으로 특정 제품을 특정 기간에 광고하는 식으로 광고를 집행할 수밖에 없었다. 하지만 이제는 많지 않은 미디어 비용으로도 홈페이지나 블로그, 페이스북, 인스타그램 등 기업이 가지고 있는 미디어와 고객들의 개인 미디어를 연결하여 특정 기간뿐만 아니라 일상적으로 고객과 커뮤니케이션할 수 있게 되었다.

젊은층에게 인기 있는 로우앤로우, 요괴라면, 파타고니아 등은 이렇게 일반 인플루언서들의 영향으로 제품정보가 확산되면서 성공한 예다. 역사교육공연 전문 사회적기업 아트브릿지의 역사인물 체험극 〈소년 이순신, 무장을 꿈꾸다〉〈세종, 인재를 뽑다〉도 광고 없이 공연을 본 관객들의 입소문만으로 공연이 큰 호응을 얻었다.

앞서 이야기한 첫 번째 특징처럼 판매가 아닌 관계가 중요시되면 광고활동에서 상시적인 커뮤니케이션이 필수가 된다. 또 상시적인 커뮤니케이션은 계획된 내용대로 집행하는 고정되고 선형적인 광고활동에 그치는 것이 아니라 고객에게서 피드백을 받아 수정하고 다시 고객과 커뮤니케이션하는,

구분	전통광고	새로운 광고
목적	판매	관계
시점	사전	사후
고객	구매자	지지자 / 팬
매체	제한	다양
기간	한시	상시
관계	선형적	비선형적
콘텐츠	고정적	유기적
방법	설득	공감

표 11. 전통광고와 새로운 광고의 특징

유기적이고 비선형적이라는 특징이 있다. 기업이 정보를 제한하고 전문가가 되어 고객을 설득하던 시대는 끝났다. 이제는 고객이 제품정보와 광고활동에 공감하지 못하면 누군가가 한 비유처럼 광고는 "정보가 아니라 보고 싶지 않고 보더라도 피하고 싶은 벌레"가 될 수 있다.

이미 애플의 애드블록^ADblock과 구글의 애드초이스^AD Choice는 소음이 된 광고를 고객 입장에서 제한하는 정책을 펴고 있다. 이 정책으로 인해 고객은 보고 싶지 않은 광고를 보지 않아도 되는 이득이 있는 한편, 기업 입장에서 보면 다른 효과도 있다. 애플은 고객 입장에서 기술을 개발한다는 기업 이미지를 구축할 수 있고, 구글로서는 불필요한 광고노출을 줄여 광고 집중도를 높임으로써 광고주에게 효율적인 맞춤형 광고 집행을 제공할 수 있다.

한편 새로운 광고가 영향력을 지니는 가운데 매체별로도 자기 역할이 조정되고 있다.

대표적으로 상품 포장을 들 수 있다. 포장은 제품을 보호하는 역할에서 변화해 제품 이미지와 편익을 전달하고 구매를 유도하는 중요한 광고가 되었다. 또한 매장은 공간 마케팅의 성공사례인 스타벅스의 경우처럼 이미지와 구매를 유도하는 훌륭한 제품 체험공간으로서 효과적인 광고의 역할을 하고 있다. 그리고 고객에게 제품정보를 전달하는 활동은 모두 연결되어 있다. 오래 전부터 고객들은 기업이 제공하는 미디어에 노출되는 제품정보만을 광고로 보는 것이 아니라 고객 생활에서 경험하는 포장지, 제품에 인쇄된 제품명, 명함, 간판, 굿즈Goods 등 제품정보가 노출된 모든 것을 광고로 인식해 왔다. 이러한 고객인식을 기반으로 한 광고활동이 통합적 마케팅 커뮤니케이션Integrated Marketing Communication이라는 전략이다. 기업 입장에서는 광고를 제한하고 있지만 고객 입장에서는 제한하지 않고 수용하고 있다.

	구분	매체 및 방법	효과
1	상품	네이밍, 패키지(포장), 제품 디자인	이미지 / 편익 / 구매 유도
2	전통광고	TV, 라디오, 신문, 잡지	인지도 / 이미지 / 도달률
3	피아르(PR)	언론매체(온오프라인) 기사	신뢰도 / 도달률
4	매장	매장 외부, 내부, 인테리어, POSM	이미지 / 구매 유도
5	인터넷	홈페이지, 정보검색, 댓글	정보 / 입소문 / 타깃 적중률 / 도달률
6	SNS	페이스북, 트위터, 유튜브, 블로그 등	관계 / 입소문 / 신뢰도
7	콘텐츠	무료 제품체험의 기회 제공	입소문 / 구매 유도
8	이벤트	전시회, 공연, 세미나, 파티 등	이미지 / 관계 / 입소문
9	세일즈 프로모션	쿠폰, 판촉물, 사은품, 할인, 마일리지 등	시험구매 유도 / 지속적 구매 유도

표 12. 새로운 광고의 매체별 특성

광고의 전환을 보면서 주의해야 할 점은, 변화 속에서도 전통광고의 역할은 사라지지 않았고, 영향력 면에서 이제까지 나타난 일반적인 영향력이 개별적인 영향력으로 축소되었을 뿐이라는 것이다.

하지만 더 달라져야 한다. 지속가능한 고객생활을 위해 때로는 파타고니아처럼 구매하지 말라고 설득해야 할지도 모른다. 고객생활은 단순히 제품을 사용함으로써 편의를 누리는 것에서 그치는 것이 아니라 함께 살아가는 사회에서의 생활 전반에서 엄청난 영향을 받기 때문이다. 지금 겪고 있는 환경문제와 사회적 갈등이 대표적인 예다.

"이 재킷을 사지 마세요"라는 문구로 유명했던 파타고니아 광고
파타고니아는 자연환경 보호를 기업 미션과 문화로 지켜가고 있다. 환경을 위해서라면 새 옷을 사는 것보다 있는 옷을 수선해 입는 게 낫다고 이야기한다. 그래서 파타고니아 매장이 있는 지역에 늘 수선 센터를 함께 갖춰놓고 있다.

3초의 공감 패키지

패키지는 고객에게 제공할 가치와 편익을 모두 담아야 한다.
누군가에게는 패키지가 제품을 보호하는 포장재 역할에
지나지 않을지도 모른다. 하지만 패키지는 이제
브랜드를 만들어내는 브랜딩 방법으로도 효과적이다.

눈 깜짝하는 사이에 할 수 있는 일. 2~3초 안에 무엇을 할 수 있을까? 몇 년 전 삼성 갤럭시는 LTE-A 광고 '1초의 혜택 편'에서 1초, 그 순간을 뮤직비디오 한 편을 다운받을 수 있는 시간이라고 했다.

쇼퍼 마케팅Shopper Marketing에서 2~3초는 쇼퍼(구매자)*가 매장에 들어와 상품을 선택하는 시간이다. 서로 다른 제품들끼리

---

* 쇼퍼(Shopper)는 사용자로서의 소비자와 다른 특징을 지닌 구매자를 말한다. 쇼퍼 마케팅은 매장에서 제품을 구매하는 쇼퍼를 대상으로 하는 마케팅 방법으로, 최근에 소비가 위축되어 판매경쟁이 치열해지고 유통점의 영향력이 강화되면서 점점 주목받고 있다.

품질 차이가 나지 않는 제품 일반화와 몇십만 개에 이르는 상품 개수, 그리고 전통적인 TV·신문광고의 영향력 하락 등이 정보를 전달받을 수 있는 기회 및 시간의 축소와 직관적인 3초의 선택을 불러오고 있다. 소비자들은 이제 매장에서 형성된 자기 구매기준에 따라 2~3초라는 순간에 자신이 구매할 상품을 선택한다. 물론 이 결정 안에는 많은 마케팅 요소들이 들어 있다.

그러면 구매를 하는 쇼퍼들은 어떻게 이렇게 짧은 시간 안에 상품을 선택할까? 패키지다. 광고에 대한 소비자 반응 모델인 아이드마(AIDMA, Attention(관심)-Interesting(흥미)-Desire(욕망)-Memory(기억)-Action(행동))*의 소비자 심리 행동 과정으로도 이를 증명할 수 있다. 물론 습관적으로 구매하는 제품일 경우도 있다. 하지만 아직 습관이 형성되지 않은 제품의 경우, 매장에 진열된 수많은 제품 중에서 눈에 띄고 매력적인 패키지 디자인으로 아이드마[AIDMA]의 첫 번째 단계인 관심[Attention]과 촉발을 일으켜 구매로 이끌 수 있다.

---

* 심리적 단계에 따르는 행동 모델로, 광고에서는 구매가 이루어지기까지의 심리와 행동 과정을 설명하는 대표적인 모델이다.

또한 패키지는 고객에게 제공할 가치와 편익을 모두 담아야 한다. 누군가에게는 패키지가 제품을 보호하는 포장재 역할에 지나지 않을지도 모른다. 하지만 패키지는 이제 브랜드를 만들어내는 브랜딩 방법으로도 효과적이다. 친환경 제품 브랜드임을 알리고 싶다면, 패키지는 친환경 소재와 최소한의 디자인으로 이루어져야 한다. 여성을 위한 브랜드라면 충분히 아름다워야 한다. 세계적인 보석 브랜드인 티파니[Tiffany]의 하얀 리본과 하늘색 상자처럼 패키지는 그 브랜드를 상징하기도 한다.

혹시 패키지가 마음에 들어서 상품을 구매한 적이 있다면 당신은 미적 감수성이 높은 20~30대 여성일 가능성이 높다. 하지만 이러한 심미적 경향은 이제 남녀노소 구분 없이 점점 확산되고 있다. 누구에게나 패키지가 구매에 중요한 영향력을 발휘하고 있다.

패키지의 변화는 여기서 끝나지 않고 3세대 패키지에서 4세대로 진화하고 있다. 환경오염과 생태계 파괴가 심해지면서 패키지에서 친환경적인 지속가능성이 요구되고 있다. 지속가능한 패키지 요소로는 크게 감량[Reduce], 재사용[Reuse], 생분해[Biodegrade], 재활용[Recycle], 네 가지를 들 수 있다.

구분	패키지 기능	역할
1세대	제품 보호	포장
2세대	제품 인지	광고
3세대	판매 / 관계	브랜딩
4세대	친환경	지속가능성

표 13. 패키지의 세대별 변화

그래서 지나친 포장재나 비닐, 플라스틱을 대신할 수 있는 패키지가 주목을 받고 있다. 포장 없는 제품, 재활용이 가능한 종이나 자연분해 가능한 비닐소재를 사용한 패키지가 그러한 예다. 아모레퍼시픽은 에어캡 대신에 종이 완충재를 사용하며, 삼성전자는 생활가전의 비닐 포장재를 재생·바이오 소재로 바꿔나가고 있다. 또한 "포장은 쓰레기다, 알맹이가 섹시하다."라는 구호를 내세우는 수제 화장품 브랜드 '러쉬'의 네이키드 비포장 서비스는 큰 주목을 받고 있다. 환경을 생각하지 않는 패키지는 이제 법적으로나 고객들의 가치 구매 기준에 따라서나 구매에서 배제될 수 있다.

제품의 가치를 지키면서 고객의 눈과 마음에 맞춘 패키지를 제작하는 비결 네 가지는 다음과 같다.

1. 명확한 제품 콘셉트에 따라서 제품이 제안하려고 하는 것을 담아내야 한다.

2. 이야기를 담으면 고객에게 공감을 얻을 수 있다. 일본 바닷가 마을 아주머니들이 만든 이에시마 섬의 노리코(김 절임) 패키지에서는 한가한 마을풍경과 아주머니들의 이야기를 충분히 느낄 수 있다(패키지에 어디에서 누가 생산한 제품인지에 관한 이야기가 들어 있다). 이야기는 드라마틱하게 소비자와 관계 맺기에 충분하다.

3. 환경의 지속가능성을 지향해야 할 패키지는 할 수 있는 한 최소화하는 것이 좋다. 패키지를 없애는 것도 한 방법이다.

4. 정보 과잉시대에 과도한 디자인은 오히려 고객에게 피로감을 주고 선택을 피하게 한다. 이럴 때는 단순함이 고객의 관심을 받기 쉬우며 제품이 제안하고 싶은 메시지를 효과적으로 전달할 수 있다. 세계적인 미래학자 다니엘 핑크는 〈더 작은 프레임〉에서 "누구나 선택받기를 원할 때 지나침은 모자람보다 못할 수 있다."고 말한다.

생활에 따라 다양해지는 구매 채널

고객 중심으로 다양해지는 유통 채널에 대한 기획을 하기 위해서는
고객생활을 이해하고 생활 가까운 곳에서 고객들이 필요로 하는 것을
제안해야 한다. 구매 장소라는 공간을 기반으로 한 계획에서
고객생활이라는 공간과 시간이 합쳐진 제안으로 바뀌어야 한다.

과거에 식품을 구매하는 방법은 단순했다. 대량구매가 필요할 때는 대형마트를, 바로 쓸 적은 양을 구매할 경우에는 동네마트를, 간단히 먹을 것을 살 때는 편의점 등을 찾았다. 하지만 이제 생활방식이 달라진 만큼 식품 구매 선택지가 다양해졌다. 특히 마켓컬리의 컬리패스나 쿠팡의 로켓프레시 등 멤버십을 기반으로 무료 배송을 하는 온라인 쇼핑몰이 등장하면서 온라인에서의 식품 구매가 활발해졌다. 또한 슈퍼마켓처럼 진화한 편의점은 그때그때 필요한 소비에 적합한 유통 채널이 되었다.

세대별로 보면 40~50대 소비층은 여전히 정기적으로 식료품을 구매하며, 가격·품질·제품 다양성 등을 이유로 대형마트나 창고형 할인매장을 이용한다. 이와 달리 20~30대 소비층은 필요할 때마다 조금씩 자주 구매하는 걸 선호하며, 편의성·접근성 등을 이유로 편의점·동네마트 등을 이용한다. 온라인에서도 이러한 특징은 비슷하게 나타나는데, 20~30대는 2만 원 내외로 조금씩 자주 구매하며 편리한 배송을 중요한 구매요인으로 고려한다. 고객의 필요[Needs]를 읽는 것이 유통환경의 변화 속에서 돌파구를 찾는 시작점이다.

세대별, 가격별, 제품별, 구매량 등 여러 가지 조건에 따라 유통 채널이 분화되고 있으며, 이 분화는 고객 한 사람의 생활에서도 사용하는 상황에 따라 다시 나뉜다. 결국 고객들은 필요에 따라 여러 구매 채널을 선택하고 이용하고 있다.

고객욕구에 따라 유통 채널을 구분한 유통 채널 매트릭스를 활용하면 제품판매 채널을 효과적으로 계획할 수 있고 유통 채널 특징을 고려하여 새로운 제품을 개발할 수도 있다.

10대와 20대의 경우 편의점 이용률이 굉장히 높다. 편의점은 낮은 가격과 편리함이라는 이미지를 갖고 있으며 적은 양을 구매 후 즉시 사용하는 상황에 적합한 특징을 지닌다. 노인

층의 경우는 신선식품과 공산품을 함께 파는, 접근성이 좋고 신선식품 가격이 낮은 시판매장 이용률이 높고 구매량은 적은 편이다.

유통 채널	타깃 (연령대)	이미지 (특징)	가격 (가격대)	구매행동 (사용상황)	구매량 (소량/대량)	제품범주 (패션/식품 등)
시판						
편의점						
드러그 스토어 (Drug Store)						
대형 할인매장						
온라인 쇼핑몰						
홈쇼핑						
방문판매						
백화점						

표 14. 유통 채널 매트릭스

한편으로 유통 채널 이용 양태는 새로운 상품개발의 기회가 되고 있다. 1인 가구 증가와 바쁜 생활 패턴, 낮아진 충성도 등의 영향으로 세대 구분 없이 편의점 이용이 점점 증가하고 있다. 이에 따라 기업은 제품을 즉시 사용할 만큼의 소포장으로 변형하여 새로 출시하고 있다. 또 편의점 즉석식품 이용이 늘면서 조리식품을 즉석가공식품으로 출시하기도 한다.

유통기업에게 맞춰진 푸시 마케팅^{push marketing} 을 특징으로
하는 유통 분야도 이제는 고객 중심으로 고객생활을 반영하
여 제안하는 것으로 바뀌고 있다.

시장에서 유통전략이 점점 다양해지는 데에는 이유가 있다.

하나, 고객생활이 사회 문화적인 경향에 따라 다양해지고,

둘, 광고효과가 낮아진 상황에서 기업들은 판매를 위해
다양한 유통 채널을 계획해야 하고,

셋, 고객들의 구매정보를 담아내는 디지털 인프라와 빅데
이터 기술이 발달하면서 다양한 구매예측 자료를 얻을 수 있
기 때문이다.

고객 중심으로 다양해지는 유통 채널에 대한 기획을 하기
위해서는 고객생활을 이해하고 생활 가까운 곳에서 고객들이
필요로 하는 것을 제안해야 한다. 구매 장소라는 공간을 기반
으로 한 계획에서 고객생활이라는 공간과 시간이 합쳐진 제
안으로 바뀌어야 한다.

고객생활은 또 심리적인 맥락으로 연결될 수도 있다. 기
능성 샴푸 시장을 개척하고 성장시킨 중소기업 제품 '댕기머

리 샴푸'는 탈모방지 샴푸라는 제품 특징과 판매 채널을 연결해서 성공을 거둔 예다. 초기에는 대형마트 입점이 어려운 상황이어서 탈모가 고민인 고객들이 정보를 교환하는 미장원과 기능성 샴푸라는 가치에 대해 신뢰를 보증할 수 있는 약국 등에서 제품 경험을 제공하면서 온라인상에서 판매를 늘려갔다. 사회적기업 '아빠맘두부'도 매장 판매와 배송 이외에 마르셰 등의 친환경 마켓에 참여하면서 소비성향이 같은 고객층을 늘려가고 있다.

이제는 기업 입장에서의 전통적인 유통전략에서 벗어나 유통, 제품개발, 광고를 고객생활과 연결해 통합적으로 기획해야 한다.

단기적인 유통기술로는 세계적인 마케팅 석학 낸시 리와 필립 코틀러의 '10가지 소셜 마케팅 유통전략'을 참고하기 바란다. 바로 실천할 수 있는 것으로는, 세계 40개 베스트 매장 분석을 바탕으로 한 쇼퍼빌리티Shopability를 재구성한 '7가지 유통원칙'을 소개한다.

1. 제품판매 장소를 고객과 더욱 가깝게 한다. 고객이 자주 가는 곳에서 제품판매를 하도록 계획해야 한다.

2. 고객행동이 일어나는 순간, 그 장소에 제품이 있게 한다.

3. 판매행동이 일어나는 곳을 더 보기 좋게 만든다. 매장 안이 쉽게 들여다보이고 쉽게 안으로 들어올 수 있어야 한다.

4. 고객들의 구매심리에 장애가 되는 요소를 없앤다. 너무 많은 제품과 너무 많은 정보는 오히려 구매에 장애를 일으킨다. 또한 제품을 상자 안에 넣어둘 때보다 직접 꺼내 보일 때 구매가능성이 높아진다.

5. 고객이 자주 구매하는 제품을 이용해 구매행동을 쉽게 할 수 있도록 제안한다. 교차판매와 보완재같이 어떤 제품을 구매할 때 함께 필요로 하거나 연상되는 제품들이 있다.

6. 고객의 구매이력을 정리해서 서비스한다. 판매 채널에서는 고객 개개인이 구매하는 제품과 선호하는 제품정보를 개인구매이력으로 정리할 수 있으며, 구매주기 또한 확인할 수 있다. 이것을 참고하여 고객 개개인에게 관련된 제품이나 구매주기에 맞는 적절한 제품정보를 제공한다면 판매기회를 높일 수 있다.

7. 여러 가지 제품 중 신제품 또는 전략제품이 있다면 이를 중심으로 유통을 기획한다. 한두 가지 제품에 집중해서 우선 고객의 구매목록에 오르도록 해야 한다.

───────────── # 단순한 실천, SSR 모델

SSR 모델은 최근 마케팅 트렌드의 핵심 가치인
관찰, 통찰, 비선형, 관계, 순환 등의 특징을 반영한 모델이다.
SSR 모델의 또 다른 특징은 생활에서 직관적으로 발견한
사업 아이디어가 스토리텔링이 된다는 점이다.

이론과 모델은 시장을 따라갈 수밖에 없다. 근대 산업성장 시
대의 전문적이고 복잡한 모델은 시장을 이성과 논리로 치장
한 결과일 수 있다. 마케팅 모델은 이성과 감성의 욕구가 거래
되는 시장의 복잡하고 중층적인 관계를 최대한 단순화할 책임
이 있다. 모델은 영향력을 발휘하면서 다음 모델을 만들어내
며, 계속해서 순환하고 발전한다. 생산자가 고객이 되고 고객
이 생산자가 되는 플랫폼 시대의 마케팅 모델은 사업을 계획
하거나 사회문제를 해결하고자 하는 누구라도 쉽게 사용할 수
있도록 단순한 모델이어야 한다.

과학적 마케팅 모델은 논리적 전개 과정을 중요하게 생각하면서 조사, 분석에서 시작한다. 이에 반해 SSR 모델은 디자인 싱킹과 같이 직관적인 영감Inspiration에서 시작하며, 논리적 과정보다는 영감의 과정(유레카와 같이 순간적으로 아이디어가 떠오르는 상황)이 제품개발 전체 과정에서 중복해 일어나는 걸 파악하고 이 과정을 최대한 실행 가능하도록 단순화한다.

'환경조사 – 분석 – 아이디어 – 개발' 과정이 정말 단계적으로 이루어질까? 생각해보면 아이디어인 영감은 언제든 일어날 수 있고 관찰을 하는 현장에서 문제와 솔루션을 함께 발견하는 경우가 많다. 세계적으로 인기 있는 장난감인 바비인형은 종이인형을 가지고 노는 딸아이를 본 엄마의 영감에서 시작되었고, 스카치테이프는 3M 연구원이 자동차 정비소에서 당시 유행하던 2가지색 자동차 도색 과정에서 접착력인 강한 테이프의 색이 묻어나는 문제점에서 기회를 발견해 만들어진 것이다.

SSR은 'SEEK(발견) – SOLUTION(해결) – RELATION(관계)'의 약자로, SSR 모델은 문제와 욕구를 발견하고 아이디어와 솔루션으로 창안된 제품을 고객에게 제안하며 관계를 맺어가는 것을 말한다. SSR 모델은 P – S(문제발견(Problem) – 해결(Solution))

모델을 기초로 해서 최근 마케팅 트렌드의 핵심 가치인 관찰, 통찰, 비선형, 관계, 순환 등의 특징을 반영한 모델이다. SSR 모델의 또 다른 특징은 생활에서 직관적으로 발견한 사업 아이디어가 스토리텔링이 된다는 점이다. 애자일이나 린 스타트업보다는 '영감 – 아이디어 – 실행'의 디자인 싱킹에 더 가까운, 단순화된 모델이다. 하지만 SSR 모델은 사업을 시작하는 초기 단계에 적합한 모델이다. 사업이 시장에 진입하고 성장하는 과정에서는 SSR 모델의 각 부분이 조금 더 정교한 마케팅 모델들에 따라야 하며 이를 계속해서 진행해 나갈 때 사업구조를 체계적으로 완성해갈 수 있다.

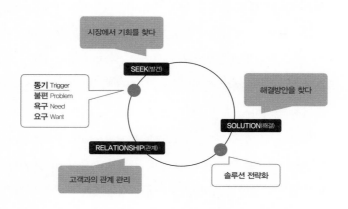

그림 14. SSR 모델의 구성

SSR 모델은 직관과 영감을 기초로 생활환경에서 불편함이나 욕구, 요구를 '발견Seek'하는 것에서 시작된다. 생활환경은 일상생활 공간이나 제품을 이용하는 상황, 그리고 생활을 정리한 기사, 보고서, 책 등의 문헌자료가 될 수도 있다.

사업 기회를 찾았다면 그 다음엔 이 기회를 사업화하는 솔루션(Solution, 해결방안)을 준비하는 것이다. 고객이 지닌 문제, 욕구, 요구를 해결할 수 있는 구체적인 방법을 찾아서 사업으로 발전시켜야 한다. 솔루션이 사업내용으로 준비되면 이제는 제품을 구매할 고객들과 관계Relation를 맺어야 한다. 이때 고객들이 필요로 하고 찾고 있는 편의와 의미, 이미지로 다가가야 하며 제품에 대한 경험과 정보를 제공하고 끊임없이 교감해야 한다.

	불편함 Problem	욕구 Need	요구 Want	비고
일상생활				행동관찰 조사
제품이용 상황				
조사자료(정보)				인구학 / 심리학

표 15. SSR 모델 과정 중 생활환경에서의 관찰과 발견

'솔루션(해결방안)'과 '관계' 단계에서는 4P^{Product-Price-Place-Promotion},
STP^{Segment-Target-Positioning}, 타깃 모델 등과 같은 다른 마케팅 모델을
적용하여 사업을 더 정교화할 수 있다. 하지만 사업을 시작하
는 초기 단계에서는 정교화가 오히려 사업 탄력성과 시장 가
능성을 낮추고 사업을 논리적으로 고정화시키는 좋지 않은
영향을 끼칠 수 있다.

어떤 경우에는 문제발견이 바로 솔루션을 불러오고 이 과
정에서 잠재고객들과 관계를 시작할 수도 있다. 고객들이 얼
마나 문제와 솔루션에 공감할 수 있는가에 따라 이 과정은 동
시에 일어날 수 있다.

단순하고 느슨한 SSR 모델은 마케팅에서 중요한 '발견 -
해결 - 관계'라는 세 개의 지점만을 설정하고 있다. 그래서 초
세분화되어 개성이 중요해지고 예측하기 힘들 정도로 빠르게
진행되는 시장의 변화에 신속하고 탄력적으로 준비할 수 있
도록 해준다.

4부
제안

: 혁신과 관계의 확장을 위하여

익숙한 것에서 벗어나야 한다. 앞서 이야기한 전환, 방향과 방법이 그 내용이다. 그리고 오래된 지혜를 발휘해 빠른 시간과 넓은 공간이 아니라 느린 시간과 좁은 공간이 되어야 결국 혁신은 빨라지고 관계가 넓어진다. 그러면 마케팅이 지속가능한 사회를 창조할 수 있다.

1

착각하고 있다.

'조사에서 기획까지 완벽한 제품을 고객은 당연히 구매할 거라고.' '품질이 좋은 제품은 당연히 잘 팔릴 거라고.' '마케팅은 영리를 창출하는 것이고, 기업의 목적은 영리만을 위한 것이며. 사회적인 역할은 부가적이거나 영리를 위한 도구일 뿐이라고.' '한 번 정한 타깃은 고정되어 바뀌지 않는다고.' '시장을 주도하는 고객에게 늘 맞추어야 한다고.' '모두가 좋아하는 제품을 만들 수 있다고.' '사업은 계획된 프로그램에 따라 진행되어야 한다고.' '새로운 디지털 미디어가 모든 걸 해결할 수 있다고.' '데이터로 모든 걸 해결할 수 있다고.' '시장은 제로섬게임Zero-Sum Game이 벌어지는 곳이고 승자독식의 전

쟁터와 같다고.' '내가 맞다고.'

착각은 모두 1940~1970년대 산업화 시대의 성장을 배경으로 잘 만들어진 마케팅 이론에서 비롯된다. 그러한 마케팅 이론을 학습한 마케터의 자기중심적인 습관이 이 착각을 더 공고하게 한다. 생활의 문제를 해결하고 변화를 만들어가야 하는 마케팅이 오히려 자기 변화에는 익숙하지 못하다. 오랜 착각에서 벗어나야 전환된 시장에서 기업과 마케팅이 함께 갈 수 있다.

전환된 시장에서는 생산자와 고객 어느 한쪽으로 힘이 치우치지 않고 양쪽 다 주체가 되어 제품을 사이에 두고 균형 잡힌 관계를 맺는다. 생산자와 고객이 각기 자기 정체성을 가지고 만나는 것이다. 둘 사이에 공유되는 정체성은 제품이 제공하는 의미와 편의, 이미지로 이루어진다. 품질이 좋다고 판매가 잘되는 것이 아니라 품질에 의미와 이미지까지 더해져야 관계가 제대로 형성된다. 사실 정체성은 품질과 이미지라는 일반적인 제품 구성요소뿐 아니라, 기업이 왜 사업을 하고 제품을 생산해서 고객에게 제안하는지를 드러내는 것이며, 고객이 이에 동의하고 제품을 선택할 수 있게 하는 미션을 뜻한다.

마케팅에서 경쟁이라는 도그마는 이 미션을 위태롭게 하는 가장 큰 위협요소다. 경쟁은 정체성을 훼손하고 의미보다 이익을 우선으로 삼게 한다. 얼마 전까지 마케팅이 전쟁으로 비유되었던 것도 시장에서는 누구와도 공존할 수 없으며 모두가 적이라고 간주하는 인식 때문이었다. 경쟁에서 이기기 위해서 가격을 낮추어야 하고 더 많은 고객을 만족시켜야 했다. 진정성은 고려할 사항이 아니었다. 과정보다는 결과였다.

네트워크가 초세분화되고 자신의 가치에 집중하는 것이 큰 의미를 지니게 된 시장에서 경쟁은 무의미하다. 관계와 경쟁은 공존할 수 없다. 새로운 시장을 상징하는 빅데이터와 인공지능도 본질이 아니라 관계를 위한 수단으로 받아들여야 한다. 1990년대에 들어 시장에 브랜드가 등장하면서부터 변화는 이미 시작되었다. 한동안 계속된 변화가 쌓여 이제 새로운 가치가 이전 시대의 가치를 밀어내고 시장의 기준이 되고 있다.

착각에서 벗어나야 한다.

2

습관적으로, 정해진 답을 찾기 위해 학습하고 정해진 답을 하려고 노력한다. 익숙한 포털 사이트에서 답을 찾는 것도 이와 다르지 않다. 이렇게 정해진 답을 찾는 것만으로는 아무것도 창조할 수 없다. "해답은 좋은 질문에서 나온다.""질문은 위대하다."와 같이 '질문의 가치'를 강조하는 말은 시장 추종자Market Follower가 아니라 시장 선도자First Mover가 필요한 지금 시대에 질문의 중요성을 다시금 확인하게 한다.

피터 드러커는 컨설팅 방법에서 "컨설팅을 하든 그 밖의 무엇을 하든 질문을 하는 것, 심지어는 자기 자신에게 질문을 하는 것이 우리가 직면한 문제에 대하여 더 나은 대답, 훨씬 더 직접적인 대답을 얻기 위한 전환의 역할을 한다는 것을 알아야 한다."고 했다. 피터 드러커는 해답은 늘 의뢰인에게 있다고 말하면서 질문을 함으로써 의뢰인이 찾는 답을 제공해왔다.

마케팅 최고의 지침서인 《피터 드러커의 최고의 질문》에서 이야기한 다섯 가지는 이렇게 나오게 되었다.

1. 미션은 무엇인가?
2. 고객은 누구인가?
3. 고객이 원하는 가치는 무엇인가?
4. 평가할 수 있는 결과는 무엇인가?
5. 미션을 달성할 계획은 무엇인가?

피터 드러커의 원칙에 바탕을 둔 비영리 대학원 CIAM(캘리포니아경영선진연구원)을 공동 설립하고 현재 원장을 맡고 있는 윌리엄 코헨은 피터 드러커의 영향을 받아 좋은 질문을 하기 위해서 필요한 8가지를 안내하며 더 많은 질문을 찾으라고 한다.

• 질문이 상대방과 대화를 계속 이어가기 위한 촉매제로 작용하는가?

- 질문이 호기심을 자극하는가?

- 질문이 새로운 아이디어를 개발하도록 자극하는가?

- 질문이 상대방에게 제안을 하도록 자극하는가?

- 질문이 다양한 견해나 반응에 개방적인가?

- 질문이 상대방에게 어떻게, 왜에 대한 대답을 요구하는가?

- 질문이 상대방의 활동과 직접적 또는 간접적으로 연관되는가?

- 질문이 상대방에게 자신의 생각을 검토하도록 요구하는가?

질문하는 것이 마케팅이다. '고객에게 왜 이 제품이 필요할까?'에 답하기 위해 시장에서 자신이 발견한 문제가 무엇인지 질문하고 그와 관련해 찾은 솔루션이 뭔지 질문해보자. 그리고 의미와 편익을 사이에 두고 고객과의 관계에 대해 다시 질문해야 한다. 질문은 목적이 있어서 하는 대표적 활동이다. 변화가 마케팅의 한 역할임을 상기해보자. 이때 변화는 질문하는 것을 뜻한다. 자기가 알고 있는 답만 생각한다면 기존 시스템에 따르게 되고 결과를 그대로 받아들이게 되기 때문이다. 또 질문은 궁금증과 호기심이 안에 머물지 못하고 밖으로 튀어나오는 일이다. 궁금증과 호기심은 이미 경험했거나 알고 있는 다른 어느 것으로 대체될 수 없다. 질문은 그 자체로 독창적이어서 기업을 주체적이고 위대하게 한다.

　질문을 할 때 머뭇거리지 말라. 질문에 대한 필요는 오직 질문하는 자에게 있다.

3

대중이 해체되면서 고객들은 커뮤니티로 모이고 있다. 전통적인 커뮤니티가 지역에 기반을 두었다면 이제는 이에 더해 개인의 성향에 따라 취향을 공유하는 커뮤니티가 늘어나고 있다. 게다가 자동차, 여행, 가드닝Gardening 등의 취향을 공유하는 커뮤니티는 초세분화되어 세포마켓Cell Market으로 표현되는 시장을 형성하고 있다. 또한 자아실현의 영향으로 제주도, 그릇, 홍차 등 아주 소박하고 구체적인 생활이 주목받고 있다.

취향이 같다는 것은 공유할 정보가 많고 관련된 제품에 대한 관여도가 높다는 것이다. 고객들은 취향을 공유하는 커뮤니티에서 신뢰할 수 있는 정보를 나누며 전문적인 수준의 제품 평판을 만들어간다. 이 정보의 영향력은 때때로 커뮤니티를 넘어 시장 전체에 영향력을 발휘하기도 한다. 기업이 내놓는 광고의 영향력이 날로 줄어듦에 따라 앞으로 기업은 취향을 매개로 고객끼리 자발적으로 정보를 공유하는 커뮤니티에 주목할 수밖에 없다.

공간을 공유하는 전통적인 커뮤니티도 새로운 시장으로 다시 주목받고 있다. 인터넷이 시장을 국경 없이 확장했다면 역으로 우리 동네 중고직거래 마켓 '당근마켓'은 생활을 공유하는 반경 6km 지역으로 시장을 축소해서 지역 주민이 내놓은 물건만 거래할 수 있는 사업으로 지역 고객들의 호응을 얻고 있다. 당근마켓은 지역 커뮤니티로서 지역화된 생활문화를 공유한다는 동질성과, 광역시장은 제공할 수 없는 접근성을 기반으로 거래에 신뢰도를 높였다. 또한 안 쓰는 물건을 나눈다는 호혜의 의미와 커뮤니티 문화를 살려내고 있다.

앞으로 지역 커뮤니티는 초세분화된 시장을 공간화하며 사회의 다양한 문제를 해결하는 방향으로 나아갈 수 있다. 다시 말해 탈성장 시대에 지속가능한 지역경제 생태계와 지역 공동체를 이룰 가능성까지 기대해볼 수 있다.

성향에 따른 심리적 커뮤니티와 전통적인 지역 커뮤니티가 지닌 시장기회와 영향력은 사회적이라는 인간의 특성과 개성을 중시하는 자아욕구와 결합되어 더 커질 것이다.

하지만 강한 결속력을 요구하는 커뮤니티는 지속되기 쉽지 않다. 이제는 커뮤니티도 전통적인 결속력보다 느슨한 연결이 중요하다. 개성을 중요시하면서도 이타적인 사회적 연결을 원하는 포용적 개인주의와 네트워크 개인주의라는 사회문화적 특징이 그 이유다.

4

실패란 없다. 실패는 결과가 전부라는 생각과 전체 중 한 부분을 떼어낼 수 있고 부분이 전체를 대표할 수 있다는 구조적 사고의 영향으로 만들어진다. 모든 것은 결과로 평가된다는 생각은 시장을 끝없는 경쟁으로 내몰며 생태계 파괴와 사회 불평등 심화라는 문제를 일으켜왔다. 또 구조적 사고는 전체 중 한 부분을 전체화하고 그것이 실제로 존재한다는 환상을 심어주면서 마케팅 모델을 자꾸 현실에서 멀어지게 했다.

하지만 순환되는 마케팅에서 실패는 결과가 아니라 개발 - 생산 - 판매의 과정에서 수없이 일어나는 일이고, 다음 과정을 이어주는 매개 역할을 한다. 심지어는 기업과 사회의 변화를 불러오는 중요한 촉진제가 되기도 한다. 혁신을 만들어가는 비선형 나선 모델$^{Spiral\ Model}$은 결과가 따로 있는 게 아니라 연속적이고 점진적인 발전 과정이다.

실패를 두려워하면 변화와 혁신을 탄생시키는 실험을 할수가 없다. 실패에 대한 두려움은 실험의 가장 큰 장애물이다. 마케터를 무력하게 만들고 익숙한 매뉴얼을 따르게 해, 재미없는 제품이나 서비스를 만들게끔 하기 때문이다. 결국엔 익숙한 제품으로 채워진 정체된 성숙시장과, 고객들의 제품 반응주기가 점점 빨라지는 환경에 적응할 수 없게 된다. 도태되고 퇴출된다.

피터 드러커는 실험으로 만나게 될 위험은 피할 수 없는 동시에 바람직한 것일 수도 있다고 했다. 실험은 현재의 자원을 불확실한 미래를 위해 적극적으로 투자하는 활동이고, 기대, 가정, 예상을 포함하여 거의 모든 것을 위한 투입이지만 그래도 우리는 미래의 사실을 알 수 없다고도 했다.

시장에서 실험이 가능하도록 실패를 잊어야 한다.

어쩌면 항상 실패해야 하는지도 모른다.

5

마케팅에도 헬레나 노르베리 호지가 이야기하는 것과 같은 '오래된 미래'가 있다. 세계 3대 상인인 화상(華商, 화교 상인)들이 오래 전부터 지켜오는 경영원칙이다.

1. 위험부담이 있는 모험사업은 공동으로 해서 부담을 최소화하고 속도를 높인다.

2. 안정적인 사업에는 늘 모험성을 결합시켜 차별성을 통해 수익을 최대화한다.

3. 일의 특징에 따라 사람을 배치하는 것이 아니라 사람이 가진 특징에 따라 일을 배치해서, 시스템에 대한 의존도를 줄이고 자기 집단이 가진 인적 구성원의 장점을 최대화한다.

4. 미리 설정된 목표를 중심으로 일을 추진하지 않고, 진행되는 일 속에서 목표를 찾아낸다. 이 원칙은 '기업의 끊임없는 시장 실험, 안정성 추구보다는 도전과 차별화, 내부 인적 구성원의 능력을 최대화할 수 있는 혁신관리, 프로그램된 목표가 아닌 비선형적 목표설정'으로, 마케팅에서 사용되는 용어로 바꾼다면 혁신적인 경영과 마케팅 비법과 다르지 않다.

또 '화백和白회의'라는, 모두의 의견을 담아 자치문화를 만들어가는 오래된 회의방법이 있는데, 이 회의의 원칙은 다음과 같다.

1. 모두가 자유롭게 자기 의사를 내놓는다.
2. 자기 의사를 내놓되 자기 의사를 주장하지 않는다.
3. 자신의 의견과 다른 의견이 나오면 거꾸로 자기 의견에서 부족한 부분을 채워 자신의 의견을 풍부히 한다.
4. 자신의 의견으로 공동체를 만들어간다.
5. 다른 사람의 의견과 주장을 살려준다.

포용적 네트워크와 혁신을 만들어갈 때 놓쳐서는 안 될

기본적인 태도가 되는 '자아와 자유, 배려, 관계'의 가치가 그대로 담겨 있다.

마케팅계에서는 얼마 전에야 고객들이 '비누'를 사는 것이 목적이 아니라 '얼굴을 청결하게 관리하고 싶은 욕구의 해결'이 목적인 것을 알았다. 고객들이 원하는 가치를 알게 된 것이다. '비누'의 구매목적과 가치 이야기는 현재 마케팅에서 영리추구가 아닌, 중요한 문제를 해결하고 생활을 조금 더 긍정적으로 변화시킬 수 있는 마케팅 목적과 역할을 나타낸다.

'무인양품'과 '애플'은 단순하고 더 쉬운 노자의 '무無의 철학'을 담고 있고, '당근마켓'은 '커뮤니티의 비밀'을 밝혀내고, '파타고니아'는 '환경과 함께 살아갈 시장'을 만드는 등 고객들에게 많은 지지와 사랑을 받는 브랜드는 다른 기업보다 앞서 문제해결을 해가는 가운데 사람과 세상을 향해 있는 '오래된 미래의 지혜'를 실천하고 있다.

한 개인으로 살아가는 동시에 다른 이들과 더불어 살아가는 일의 본질을 밝혀주는 '오래된 미래의 지혜'가 마케팅 전환의 방향이다.

더 늦기 전에 마케팅은 발견과 문제해결이라는 뛰어난

능력을 발휘하며 더 나은 변화를 만들어갈 기회를 제공해야 한다.

마케팅은 상상하는 것보다 더 많은 일을 할 수 있고 새로운 문화를 창조할 수 있다.

처음 마케팅을 시작하거나, 다시 마케팅을 시작하는 분들이 함께 읽으면 좋은 책 20선

| 인문학 책 |

《강의》 신영복 지음, 돌베개, 2004

《담론》 신영복 지음, 돌베개, 2015

《논어, 사람을 사랑하는 기술》 이남곡 지음, 휴, 2012

《사피엔스》 유발 하라리 지음, 김영사, 2015

《이 아무개의 장자 산책》 이현주 지음, 삼인, 2004

《깊은 마음의 생태학》 김우창 지음, 김영사, 2014

《밤이 선생이다》 황현산 지음, 난다, 2013

《모두의 혁명법》 신승철 지음, 알렙, 2019

《장일순 평전》 김삼웅 지음, 두레, 2019

《모두를 위한 페미니즘》 벨 훅스 지음, 문학동네, 2017

| 마케팅 책 |

《피터 드러커의 최고의 질문》 피터 드러커 외 지음, 다산북스, 2017

《피터 드러커의 경영 컨설팅》 윌리엄 코헨 지음, 한국경제신문, 2018

《마케팅이다》 세스 고딘 지음, 샘앤파커스, 2019

《플랫폼 레볼루션》 마셜 밴 앨스타인 외 지음, 부키, 2017

《설득의 심리학》 로버트 치알디니 지음, 21세기북스, 2013

《디자인에 집중하라》 팀 브라운 지음, 김영사, 2010

《디자인을 공부하는 사람들을 위하여》 시마다 아쓰시 지음, 디자인하우스, 2003

《자본주의를 넘어》 다다 마헤슈와라난다 지음, 한살림, 2014

《마켓 3.0》 필립 코틀러 지음, 타임비즈, 2010

《번 슈미트의 체험 마케팅》 번트 슈미트 지음, 김앤김북스, 2013

전환의 시대,
마케팅을 혁신하다

ⓒ 이무열, 2019

1판 1쇄 인쇄 2019년 12월 6일 **1판 1쇄 발행** 2019년 12월 13일

지은이 이무열

펴낸이 전광철 **펴낸곳** 협동조합 착한책가게

주소 서울시 은평구 통일로 684 1동 3C033

등록 제2015 - 000038호(2015년 1월 30일)

전화 02) 322 - 3238 **팩스** 02) 6499 - 8485

이메일 bonaliber@gmail.com

ISBN 979 - 11 - 90400 - 00 - 8 (03320)

이 도서의 국립중앙도서관 출판예정도서목록(CIP)은 서지정보유통지원시스템 홈페이지
(http://seoji.nl.go.kr)와 국가자료공동목록시스템(http://www.nl.go.kr/kolisnet)에서
이용하실 수 있습니다. (CIP제어번호: CIP2019047094)